历史名楼

古国秀中

翟东强 谢九如 著

中国工人出版社

# 目　录

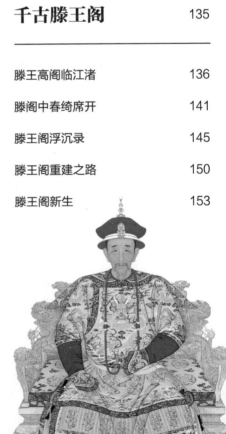

# 第十章

## 千古忧乐，一梦岳阳　173

# 第一章
# 百年风雨天一阁

# 赖有城西天一阁

"谁家金石富收藏，万轴牙签发古香。赖有城西天一阁，岿然今日鲁灵光。"这是清朝文人章鋆赞美天一阁的诗篇，也是天一阁藏书丰富的真实写照。

古往今来，书籍一直承担着记录和传播知识的重要使命，是人类文明的重要标志。然而每当封建王朝更替，野蛮的战火总是不间断地焚烧着脆薄的纸页，愚昧更是时时吞噬着易碎的智慧。于是，书籍的保存变得极为艰难，私人藏书更是在劫难逃。

不过，令人费解的是，天一阁这座私人藏书楼，不但没有焚于战火、毁于硝烟，反而还令大清国的皇帝异常器重。更令人惊奇的是，天一阁的玄妙之处被皇家藏书楼竞相效仿，且历经四百余年的风雨劫难，仍然岿然不倒。到底是什么成就了这样一个文化奇迹呢？让我们回溯至16世纪初，共同见证天一阁平地而起的过程。

1506年10月，天一阁的建造人范钦出生了。在当时，范钦是出名的神童。据说，他四岁时就可以背诵古诗。然而，在范钦的自传中，他却谦虚地称自己幼年时体弱多病，悟性也差，读书十分吃力，全靠叔叔的耐心教诲才逐渐开窍。

事实上，与宁波其他藏书家相比，范钦的出身确实可以用贫寒二字来形容，而且，他的家族也没有藏书的传统。二十三岁那年，范钦在第二次乡试中中得举人第七十名，三年以后，他又获得殿试第八十名进士，从此步入了仕途功名之路。高中进士后，范钦被外放到地方做知州，有了政绩后，他又被调到工部做了工部员外郎。在读书入仕的过程中，范钦始终恪守着儒家信条，并始终保持着求知求学的态度。

范钦喜欢收藏书籍。鼎盛时期，范钦的藏书达到七万余卷，要知道当时明朝的皇家藏书机构文渊阁也仅存书籍四万三千余卷。

范钦藏书之巨，其实也与明朝统治者对藏书的重视程度息息相关。明朝的历代皇帝大都重视藏书，比如明太祖朱元璋定都南京后，便立刻下令将元大都宫中的图书运往位于金陵的文渊阁，随后又下诏到全国各地访求遗书。开国不久，朱元璋又诏令天下重新编撰地方志，这对范钦的触动很大。

正所谓"治天下者，以史为鉴；治郡国者，以志为鉴"，想当好官，就一定要重视当地地方志的收集。初登官场、胸怀宏图大志的范钦，在收集和编撰地方志上投入了很大的精力。据统计，范钦收集的地方志达四百三十五种，比《明史·艺文志》著录的还要多。

在天一阁现存的众多藏书中，明代地方志占了极大的比重。天一阁的地方志，约占现存明代中国地方志的百分之三十五，而且其中有不少是仅存的孤本。在印刷和出版业并不发达的年代，仅靠范钦的个人之力，做到这一程度实为难能可贵。

从书籍类型看，地方志实际上是中国最有特色的一种文献载体，对国家来说，地方志是不可多得的宝贝，但对盗书贼来说，这些地方志却是不值一偷的书籍。天一阁曾遭遇盗书贼数次光顾，但盗书贼却

天一阁内景

天一阁戏楼

明 佚名 范钦像

范钦酷爱典籍，为官多年，每至一地，广搜图书，所建藏书楼"天一阁"为古代藏书楼建筑典范。

清 范懋柱辑 《天一阁藏书总目》

范氏藏书名播天下，范懋柱继承先祖遗书数万卷。

很少染指地方志和登科录，这也是天一阁藏书能保留至今的重要原因之一。

据范钦自传《天一阁集》的记载，范钦在做官的二十七年间频繁调动，足迹遍布了大半个中国。北至河南、陕西，南至云南、广西、广东，东至江西、福建，这虽然不利于范钦在官场上更进一步，但为其收集地方志提供了很大的便利。

天一阁博物馆的凝晖堂里保存着范钦收藏的大量珍贵碑帖，在一块明代碑刻中，有一首原明朝礼部大臣、书法家丰坊送给范钦的诗，诗的名字为《砥柱行》，范钦特意把丰坊的手书刻在石碑上悉心收藏。值得一提的是，丰坊在诗中将范钦比喻成中流砥柱，并认为范钦必定会为国家做出贡献。范钦将此诗刻在石碑上，也表达了自己渴望建功立业之心。然而，天不遂人愿，范钦很快被御史弹劾，皇帝并没有深核此事，直接将范钦免职处理。被革职后，范钦愤懑不已却无可奈何。但得益于此，他也有了大量时间和精力去收集、整理书籍。

如今，我们已无从得知范钦当时的真实心境，但从范钦的诗句"心远久疏还阙梦，年丰初给买书钱"中，我们也能看出此时的范钦已经绝意仕途，专心藏书事业了。正所谓"失之东隅，收之桑榆"，范钦仕途虽然失意，但他留下的天一阁藏书却成为一代传奇，一直流传至今。

# 藏书阁拔地起

天一阁坐落于宁波市月湖之西，这里曾经是范钦的宅院。来到天一阁的人通常会有这样的疑问：为何范钦会在自家宅院平起这样一座高楼呢？若想解答这个问题，我们还需先回答另一个问题，那就是范钦的藏书从何而来。

面对这个问题，很多人或许会不屑一顾，认为范钦的书籍皆系购买所得。但实际上，作为商品，明朝的书籍其价格是相当昂贵的。根据考证，一套《封神演义》的价钱就值二两白银。而明朝官员的俸禄并不高，一名正四品官员，其每月俸禄也不过二十五两白银，换算一下，也就是一名正四品官员的月薪，也仅够买十二本《封神演义》的。

前面提到，范钦的家庭条件并不算好，光靠月俸显然无法满足天一阁如此庞大的藏书量。何况，有些书籍系孤本，就算范钦有足够的银钱购买，对方也未必肯割爱。那么，范钦究竟是如何积攒下如此多书籍的呢？答案很简单，那就是靠笔录，也就是抄书。

在明朝，藏书家与藏书家之间，通常会互相传借书籍，待抄录之后再行归还。不过，这就会出现一些风险，比如甲想向乙求借书籍，但甲却没有书籍借给乙传抄，这时，乙大概率是不会将书借给甲的。再比如，甲爱书心切，借到乙的书籍之后却不愿归还，此时，乙也拿甲没有什么好办法。

为了杜绝这种情况，藏书家与藏书家之间通常有三条不成文的约定，第一，传抄是相互的，要用一本藏书去换另一本藏书；第二，没有交换品时，要拿出足够有价值的抵押品进行抵押；第三，借书者一定要在约定时间内将书归还。这第三条主要是展示自己的信誉程度，方便日后再次借书。

范钦在文章《吹剑录外集跋》中就记载了这样一件事。当时，范钦曾经向扬州太守借书抄录，但书借回来后，自己却意外染上疾病，整日昏昏沉沉。可是，为了按期交还，他不顾疾病缠身，冒着夏日酷暑，花费四天时间抄完了这部《吹剑录外集》。从这件事上，我们也能看出范钦对书籍的痴迷程度。在范钦的宅院中，有一间是他专门用来抄书的"抄书室"。结合天一阁现有的大量明代手抄本来看，这些书大多出自范钦之手。

当时与范钦一样居于月湖之上的，还有张时彻和屠大山。张时彻是从南京兵部尚书退职回乡的，而屠大山则是告老还乡的前兵部侍郎。张时彻、屠大山与范钦意气相投，经常一起唱和诗文，三人还被合称为"东海三司马"。范钦爱书如命，他有一部分书籍就是与张时彻和屠大山借来抄录的。此外，范钦还与江苏太仓的著名藏书家王世贞互相交换转抄罕见之本，久而久之，范钦的抄本便呈现出一个相当可观的数量。

天一阁抄本占了总藏书量的约五分之一，如《太平御览》《册府元龟》等一千卷，《三才广志》一千一百八十四卷等，都是范钦或亲自抄录，或雇人抄录的。可见，范钦当时抄书规模之大，抄录本数量之巨。

范钦将自己为官时候，从各地收集到的书籍寄回了宁波，这些书都被放在他的书房——"东明草堂"中。后来，范钦又将自己的抄本也尽皆放在"东明草堂"。不过，随着藏书的日益增多，"东明草堂"很快就容纳不下这数万卷书籍了。于是，在范钦的亲自筹划下，一座新的藏书楼从范家宅院的东边拔地而起。

1561年到1566年，范钦一边修建藏书阁，一边在藏书阁前开凿水池，让水池与月湖相通，蓄水以备安全。当时，不少人家的藏书阁都因一把大火

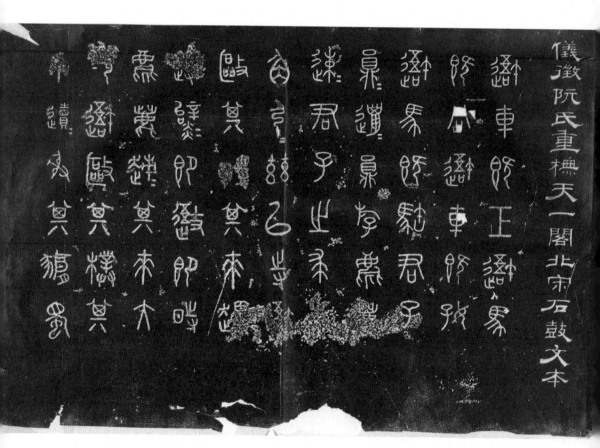

**仪徵阮元重抚天一阁北宋石鼓文本**

该刻石文字多残损，明代范钦天一阁藏宋拓本仅存四百二十二字，清时扬州府学所置之石，则是以天一阁所藏为底本所摹刻。

付之一炬，范钦对这点十分担心，所以，他不仅开凿了水池，还根据《周易》郑康成注"天一生水，地六成之"之说，将藏书阁的名字命名为"天一阁"。就连开凿的水池，也被范钦命名为"天一池"，取"以水制火"之义。

从此，宁波的月湖西边多了一座藏书阁，中华历史名楼中也多了一颗璀璨的明珠。不过，在天一阁建立之初，范钦一定想不到自己已经拉开了一块大幕。从此，范氏家族围绕着天一阁这座藏书楼，在四百多年风雨中，上演了一个又一个悲怆的故事。

# 风雨天一阁

天一阁从诞生的那天起，就仿佛蒙上了一层神秘的面纱。不为其他，只因这座藏书阁的门曾经一度紧锁，甚至连窗户都关得严严实实，生怕透进一点光亮。

无数文人墨客对天一阁产生了浓厚的好奇心，纷纷央求范家，让自己一观范钦藏书之风采。然而，范家后人却恍若未闻，依然严守着当年范钦立下的规矩——书不可分，书不出阁。

时间到了1990年8月，当时，著名学者余秋雨来宁波讲课。这天，他冒着大雨登上了天一阁，在饱览了范家四百余年的收藏之后，他挥笔写就了散文《风雨天一阁》。

在余秋雨看来，只有将诸多苛刻条件全部集于一身的时候，才可能成就一个古代中国的藏书家。这种人必须长期为官，又最好各地迁移，他必须有清晰的管理头脑，必须有极高的文化素养，必须对书籍代代传承有周密安排。他必须是一个非常特殊的人物，才能让天一阁免于数百年的火灾战乱，一直保存至今。

余秋雨认为，藏书家遇到的真正麻烦大多是在身后。诚如余秋雨所言，天一阁真正堪称悲壮的历史，正开始于范钦去世时。在弥留之际，八十岁的

明　范钦　草书诗翰卷

范钦藏书以明版地方志及登科录为世人所重，在明时有"浙东藏书第一家"之誉，此为其真迹，从中可见风骨。

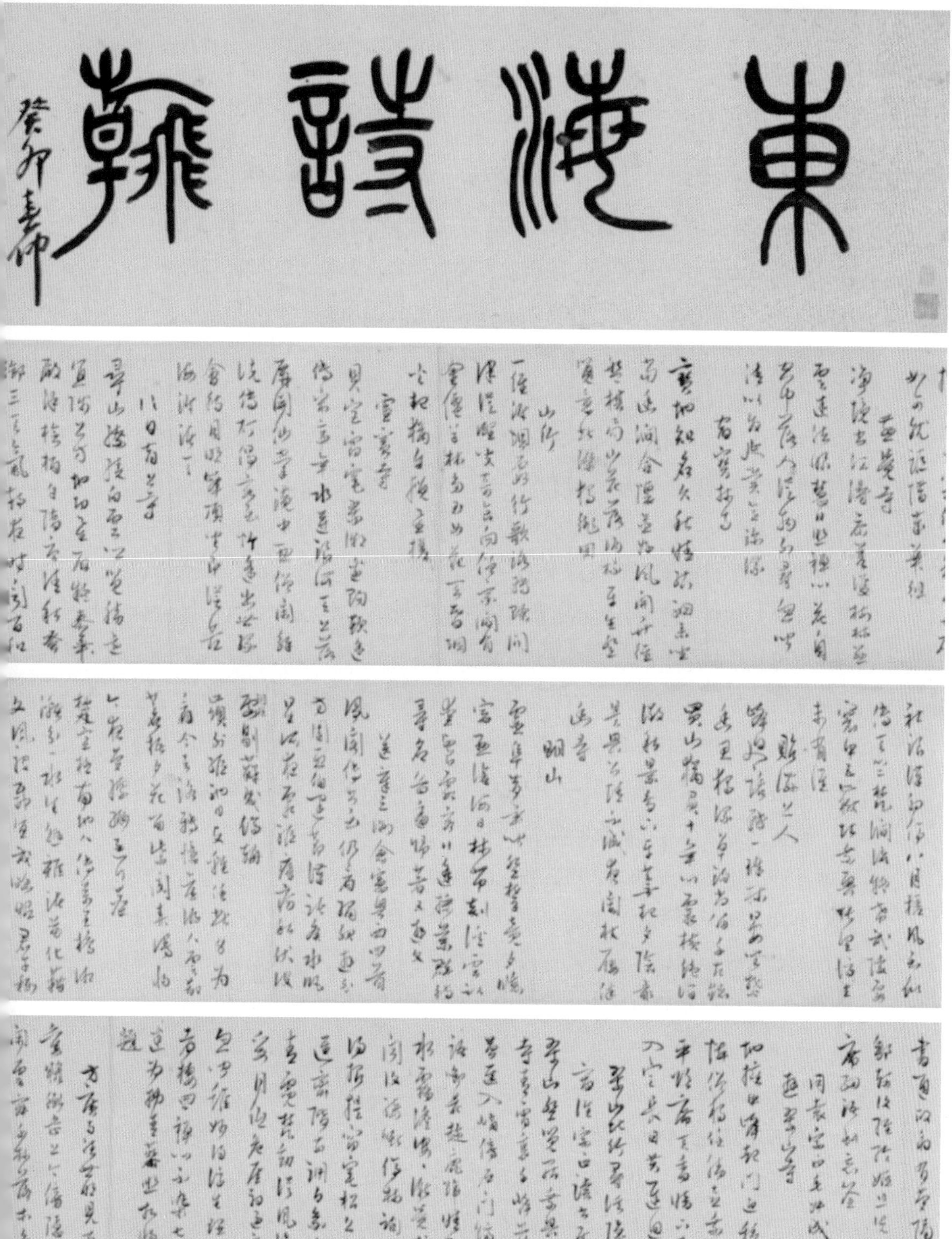

范钦将遗产分成了两份，一份是白银一万两，另一份就是天一阁与全部藏书。单从价值看，天一阁本身价值不算，仅藏书一项，就值白银约两万两。可是，范钦明确告知长子和二儿媳妇，绝不允许卖书换钱。于是，二儿媳妇选择了一万两白银，范钦的长子范大冲则体谅老父亲的良苦用心，继承了天一阁与藏书。

为了更好地保护藏书，范大冲还在"书不可分，书不出阁"的禁令下增设了一条，那就是封闭天一阁，不许登楼观书。从此，天一阁里的藏书便被尘封起来，等待日后重见天日的那天。

其实，范氏父子此举并不是仅仅为了满足个人爱好，他们发布并传承的禁令，正是为了将图书好好保存下去，留给子孙后代。要知道，在当年的宁波月湖湖畔，也有一座著名的私人藏书楼，名字叫作"万卷楼"，这座楼的主人就是丰坊。

从宋代开始，丰家就一直有人在朝中做官。根据《鄞县志》记载，万卷楼的收藏历史始于宋代，这座藏书楼汇聚了大量的珍集孤本。可惜的是，由于疏于管理，万卷楼最终毁于一旦。如今，天一阁收藏有许多万卷楼的珍贵碑帖，这些都是当年万卷楼被迫卖给范钦的。

早年间，丰坊嗜书如命，经常花大价钱购买珍贵的藏书。一些人见有利可图，便用些珍贵的书籍、字帖，以极高的价钱卖给丰坊。可是，到了丰坊晚年的时候，他的门生、学生和下人们经常偷了书去卖，导致万卷楼的藏书大量减少。一次，丰坊与朋友正在喝酒，突然看到万卷楼起了一场大火。有人说，是上楼借书的人带了火种，不小心点燃了万卷楼。也有人说，这场大火是偷书的窃贼故意点燃，以此毁灭证据。如此反例摆在眼前，范钦在心惊之余，也开始筹划如何长久地保存天一阁。

除了"书不可分，书不出阁"这条禁令外，范钦还规定烟酒不许登楼，将藏书楼与生活区彻底分开。事实证明，范钦这条禁令可谓是很有前瞻性了。当时，宁波有不少藏书楼都因为生活区与藏书区没有分开而引发火灾。火势一起，书与楼都付之一炬，化为尘烟。而天一阁则因为范钦的禁令，一直保存至今。

后来，范氏家族严格传承了范钦为天一阁定下的禁令，对所有子孙后人都提出了要求。比如无缘无故入阁开门就要受到惩罚，比如将书带出天一阁或借出去，更是论以大逆不道罪受到惩罚。如果有人把天一阁的藏书卖掉或典押出去，更是要直接开除家族，永远不能回归。

这样严苛的禁令，引得外人对天一阁更加好奇。可是，不少人仍然对范氏家族的做法提出质疑。作为一个藏书家，保护藏书，维持藏书阁的私密性与封闭性似乎是有理有据的，但仔细想想，这些举措未免太过苛刻，这中间难道有什么难以与人言说的秘密吗？天一阁难道除了藏书，还有其他不能让外人知晓的宝物吗？对天一阁和范氏家族好奇的人们忍不住悄悄揣测。这个问题伴随着天一阁共同度过了百年风雨，最终，有一位研究人员从天一阁现存的三十万卷藏书中寻找到了答案。

## 读书难，藏书尤难

当年，在整理天一阁二楼最东边空置的房间时，研究人员偶然发现了大量保存完好的刻板，一共有 25 种。这些明清刻板已经成为我国雕版印刷史上珍贵的文物，而天一阁现存这种明清的版片有五百多片，《范氏奇书》这一明代版片便是当年范钦亲自组织人刻印的，书目亦是范钦本人选的。

范钦晚年不惜资财，雇用了大量工匠雕刻印版，在天一阁所刻书籍上大多记录着刻写工人的名字，据专家统计，留有姓名的工匠就有 40 多人。由此可以看出，天一阁当时的刻书工作已经具有相当的规模。经过考证，专家们认为事情的起因是范钦那次分割家产。

当时，二儿媳妇在分得一万两白银后，又提出"分算不公正，要重新分算"的意见。因为二儿媳妇发现，书籍开始变得越来越值钱。一万两白银总有花完的那天，但这些书籍却越来越珍贵，将来必定能卖个好价钱。为了利益，二儿媳妇开始大吵大闹，甚至要与范大冲对簿公堂。后来，范钦好友屠大山的儿子出面调解，二儿媳妇才算勉强罢休。为了避免再次出现这样的事情，范氏家族才定下了禁令，希望用严苛的禁令约束范家后人，勿要让祖辈的藏书流出天一阁。

在谢堃所著的《春草堂集》中，也记载了这样一个真实的故事。嘉庆年间，宁波知府丘铁卿有一个内侄女叫钱绣芸，这是一位酷爱诗书的才女，她常听知府提到范家藏书楼有很多珍贵的藏书，这些藏书靠芸草散发的芳香在天一阁里存放了二百多年，连书虫都不曾生过。钱姑娘的仰慕之情油然而生，钱姑娘的父母看透了女儿的心思，为了了却女儿登楼看书的心愿，就托太守为媒，让绣芸与范氏后裔范邦柱秀才结为夫妻。

对于嫁入范家，绣芸满怀希望，她以为自己爱书之心终于可以如愿了，谁知，范家为了长久地保存书籍，竟然不允许登楼读书。绣芸无奈，终日郁郁寡欢，没过多久便去世了。临终前她恳求丈夫，既然生不能读天一阁书，死后愿葬于天一阁旁，了却读书的心愿。自古以来，才女、贞女、烈女的感人故事层出不穷，但是像钱姑娘这样如此爱书的女子还是第一次听说，亦是不禁让人由衷地敬佩。

余秋雨在《风雨天一阁》中写道：她在婚姻很不自由的时代，既不看重钱，也不看重势，只想借着婚配来多看一点书，总还是非常令人感动的。一道禁牌，一把铁锁，把一个痴迷女子的梦无情地粉碎了。钱绣芸徘徊在咫尺之遥的藏书楼前，也只能望楼兴叹。

不过，虽然我们为钱绣芸的命运感到惋惜，但也不得不承认范氏家族对天一阁的保护之严。如果范钦允准人们随意登楼看书，且不说安全隐患，仅凭单纯的损耗一项，这些书都不会完好地保存四百多年。对于范家的规矩，余秋雨也做了客观的解释。

从范氏家族的立场来看，不准登楼、不准看书委实出于无奈。因为只要开放一条小缝，就终会裂成大隙。在天一阁博物馆的西大门有一副楹联，其中下联说的是南雷对天一阁发出的感叹——尝叹读书难，藏书尤难，藏之久而不散，则难之难矣。这句话恰当地勾画出这座私人藏书楼的坎坷命运。

南雷何许人也？他便是清代大思想家、史学家黄宗羲。可以说，黄宗羲的出现改变了天一阁的命运。1673 年，黄宗羲来到宁波甬上证人书院讲学。作为一位名声显赫的藏书家，他向范氏家族提出请求，希望能够登上天一阁浏览藏书。

黄宗羲的要求对于范氏家族来说，无疑是一个巨大的挑战。1673 年，范氏家族严厉的家规已经延续了 100 多年，然而，这个禁令终于在清代康熙年间被打破。当时，黄宗羲身着长衣布鞋，悄然登上了天一阁。黄宗羲学富五车，他在观书时，对于当时轻易能够得到的书轻轻放过。他专挑秘籍孤本，一面研读，一面编写成目录。很快，这件事便在士林中流传起来。

然而，让范家始料不及的是，黄宗羲让天一阁焕发出了新的生命活力，他撰写的《天一阁藏书记》在社会上广为传诵，由此引起清朝皇帝的注意。而天一阁的命运，也因此发生了重大的改变。

## 天一阁藏书风波

清朝当属康乾时期国力最为鼎盛，1673 年，黄宗羲撰写的《天一阁藏书记》引起康熙皇帝的兴趣，也令更多的文人墨客心向往之。之后的 100 年，范氏后人继续小心翼翼地保存着藏书，直到 1772 年

**明 佚名 黄宗羲像**

明末清初经学家、史学家、思想家、地理学家、天文历算学家、教育家，有"中国思想启蒙之父"之誉。对于天一阁藏书，他曾这样评价："尝叹读书难，藏书尤难，藏之久而不散，则难之难矣。"

的正月，乾隆皇帝发出上谕，广泛收集前代遗书和本朝著作。

这道圣旨引起了人们的猜测，人们认为，乾隆皇帝收集前代遗书和本朝著作目的有二：第一，他是为了让全国最好的书都归于朝廷；第二，作为一位少数民族统治者，乾隆皇帝非常重视汉族文化。

消息传到藏书盛行的宁波后，天一阁并没有立刻响应。此时，掌管天一阁的范氏后代范懋柱变得犹豫不决。为什么范家对于皇帝的圣旨竟敢无动于衷呢？其原因大致有二。第一，清朝盛行文字狱，很多家族都因为书而被满门抄斩，范家并不想惹官司上身。第二，正如我们前面提到的，天一阁藏书能保存下来非常不易，很多孤本如果流失了，就再也寻不回来了。

就这样，一年过去了，乾隆皇帝见呈上的图书寥寥无几，龙颜大怒。他连下圣旨，谴责各级官员，限半年之内必须进书。而且，在这份圣旨中，皇帝点名提到了宁波的天一阁。圣旨传来，范家诚惶诚恐。当时，浙江巡抚大人和宁波知府大人都来范家游说，百般无奈下，范懋柱只好同意。

光绪年间，《鄞县志》中有这样的记载：国朝乾隆三十九年，生员范懋柱敬呈书籍六百零二种。可是，这些运往京城的图书就如石沉大海一般杳无音信，范家的后人也不免担心起来。这些精选的藏书会不会酿成新的文字狱呢？一个苦心经营的私家藏书楼，它的命运会不会就此终止呢？在范家后人的担心下，乾隆皇帝的万卷《古今图书集成》颁布下来了。

根据《四库全书总目提要》记载，天一阁共进呈书籍六百三十八种，入选《四库全书》著录九十六部，编入存目三百七十七部，为所有私人藏书家之冠。但是在荣耀的背后，这次进献也给天一阁藏书造成了第一次致命的损失。虽然乾隆在先前的圣旨中再三保证，征集的图书最后会一并发还，但结果却大相径庭——这六百三十八种书没有还回来。当然，这并不是乾隆赖账，而是被四库全书馆的官员，以及下面的浙江巡抚等一级级地贪污了。

范家后人还没来得及伤心，就又有清朝大臣来到天一阁。原来，杭州织造局织造寅著接到了皇上的圣旨，奉命勘察并测量天一阁藏书楼，以及藏书柜的尺寸。

为何乾隆皇帝对天一阁格外关注呢？原来，明清时期战乱不断，已经过了二百余年。乾隆皇帝认为，一个私家藏书楼在战火纷飞的二百余年里竟然能保存得如此完好，那其中必有不可言说的关窍。为了建造出能长久保存《四库全书》的皇家藏书楼，乾隆皇帝这才决定效仿范钦设计的藏书楼。

可是，寅著来到宁波仔细勘察之后，却不禁暗自叫苦。原来，天一阁只是一幢普普通通的江南民居，它甚至不是完全采用砖石结构建造的。天一阁之所以长期不倒，无非是范氏家族小心保护的结果。但是，如果据实奏明，

**清 郎世宁 乾隆皇帝朝服像**

画中的乾隆皇帝慈眉善目，端庄大方，透露着一国之君的威严。

一定会令皇上大失所望，甚至会怪罪自己办事不力。于是，在经过一番调查后，寅著决定在天一阁的名字上做文章。

寅著向皇帝做报告的时候提到了这样一个观点：据说，在范钦命工人建造挖土的时候，土地上出现了天一这个字样。天一生水，水能克火，而藏书楼最怕的就是火。从这个角度看，天一阁能保存下来是非常合理的。

奏折很快送到了朝廷，乾隆皇帝看后，果然非常欣赏"天一生水"的说法。于是，他下令仿照范氏天一阁的结构，建造了四座皇家内廷藏书楼和位于江浙地区的三座藏书楼，这些全部用来存放全部七套《四库全书》。这七座藏书楼的命名方式完全采用了天一生水的典故，名字中全部包含了水的成分，而寅著的故事已经成了天一阁命名的完美解释，跟随着这座藏书阁一直流传至今。

# 百年心血注一楼

在天一阁的藏书中，有一本明代的手抄本，名叫《官品令》。这部《官品令》是宋代《天圣令》的残本，有"东方法制史书轴"的美誉。目前，这本《官品令》是世界上唯一仅存的珍贵孤本，而它的状态则保存得相当完好。

如今，有不少日本学者都慕名前来，以此孤本来考证日本奈良时期国家政治法律制度的起源。惊叹之余，世界上的学者们也都存了一丝疑问，不管是"天一生水"也好，"地六成之"也罢，这些都是玄虚的解释。抛开这些玄学不谈，范氏家族在保护天一阁藏书时，究竟采用了哪些方法呢？这些方法究竟有何种绝妙之处，值得后世藏书楼争相借鉴呢？

自古以来，纸质书籍的保存都面临着水、火、冰、蛀这四大难题，尤其是火，更是四大难题里的首要难题。为了防火，范钦在修建藏书楼的时候，特意用了一条防火夹道将生活区与藏书区隔开，两道门分别连接着两个区域。这种相互交错的方式能阻止火势借助风力迅速蔓延。与此同时，范钦还专门在楼前挖了一个蓄水池，以备随时救火，这种做法后来被众多藏书楼竞相效仿。

在天一阁，藏书楼的柱子都上了漆。要知道，当年的建筑绝大多数为木制建筑，而木制建筑的缺点之一就是潮湿，容易发霉或被虫蛀。这种情况，在潮湿闷热的江南地区尤其明显。为了更好地保存书籍，范钦在木头上涂制了黑色的漆，而且还在大厅的天花板上绘制了波浪的图案，取了一个好意头。

天一阁的书柜是范钦当年亲自设计的，这种书柜前后通透，打开柜门，在一排排珍贵的古籍之间，还有装满了香气扑鼻的干草的布袋子。这些布袋子散发的香气，让书籍都沾染上了奇香。这到底是什么草？范钦为何要将它放在书柜中呢？

原来，这种草名叫芸香草（又叫芸香、七里香），它是古人用来防止书籍被虫蛀的一种干草。宋代沈括在《梦溪笔谈》中对芸香草有着详细记载：将芸香草放置席下，它的香气能驱逐跳蚤和虱子。而《鄞县志》中，也记载了范钦利用芸草来驱虫的故事。很显然，范钦是受到古人的启发，采购了大量的芸香草来防止书籍虫蛀。即使在今天，天一阁博物馆依然坚持着范钦的做法，每年采购大量的芸香草用于古籍的驱虫保护。

值得一提的是，天一阁二层的宝书楼里，范钦亲自设计的书柜本身也暗藏玄机。这些书柜看上去朴实无华，但就在书柜的底部，范钦亲自找人放置了石头。这种石头名叫英石，它的主要成分是石灰岩。在古代，英石通常是达官显贵们用来观赏的奇石，但范钦却另辟蹊径，将英

芸香草

石放置在书柜底部，以抵抗江南地区潮湿闷热的气候，以此防止书籍出现发霉变质的情况。范钦将所有的书柜按照"品"字形进行排放，一共分成四组。目前，最中间的显著位置放的是乾隆皇帝御赐的《古今图书集成》。

历史上，乾隆皇帝对天一阁进行过多次褒奖与赏赐，终于让天一阁声名鹊起，成为海内第一私家藏书楼。然而，天一阁声名鹊起，在战乱的年代却并不是一件好事，反而是一场浩劫。民国初年，大批书商从上海前往宁波收购珍贵古籍图书。为了达到目的，这些唯利是图的书商可以说是不择手段。1914 年，曾经登上天一阁的学者缪荃孙，在上海的书市上无意中发现了天一阁收藏的珍贵古籍图书，他不禁大吃一惊，立刻写信通报宁波的范家。

为了查明真相，范家立刻派人赶到上海，一面报告官府，一面从上海至杭州登报多方呼吁，追讨失窃的书籍。终于，窃贼被抓捕归案。可是，窃贼在防范如此严密的天一阁是如何得手的呢？他又是怎么拿走如此数量庞大的珍贵藏书的呢？

经过一番调查，人们才终于发现了事情的真相。原来，利欲熏心的书商

天一阁收藏明刻本前汉书，五伦书，钱起诗集

指使窃贼薛继渭入阁盗窃，薛继渭从藏书楼顶揭开瓦片，潜入了藏书楼，他仅仅随身携带了一口袋红枣，以枣充饥。白天，薛继渭隐藏在梁上养神，夜晚，他便下来窃取楼内藏书。由于薛继渭认识字，所以书商都开好了目录，让薛继渭将天一阁最好的图书都偷出来。那时的天一阁，围墙外面是通月湖，薛继渭将书吊出去后，与外面接应的人会合。后来，范家后人登上紧紧锁住的藏书楼之后，在地上发现了薛继渭的枣核和粪便，这才破了这件偷书案。

那次劫难，致使范家有一千余部珍贵的古籍被盗，这些古籍大多是宋、元、明三代的真本，价值不可估量。薛继渭虽然入狱，但这些古籍却再也无法追回。此后，无数天灾人祸"洗劫"了天一阁，直到新中国成立后，在周恩来总理的特别指示下，天一阁才再次受到了完好保护，此时的天一阁藏书，也仅剩余一万三千余卷了。

不过，如今的天一阁馆藏的古籍已经扩大到三十多万卷，其中有国家一级文物一百余卷。可以说，天一阁丰富的地方志为国家修史做出了巨大的贡献。

# 第二章
# 名扬千古黄鹤楼

# 孙权建楼拒强敌

"滚滚长江东逝水，浪花淘尽英雄……"如今，让无数人心向往之的三国时代已经随长江滚滚东逝，只留下了无数脍炙人口的英雄故事，以及令后代文人墨客争相向往的千古名楼——黄鹤楼。

让我们把历史时钟的指针拨到 223 年的初春，那是一个泛着凉意的黄昏，就是在这条江水边，一个修长的身影缓缓登上了刚刚临江修建的军事城堡下口古城。

这个身影的主人，正是三国时期东吴的统治者——孙权。此时，火烧赤壁的硝烟已经散尽，赤壁之战奠定的天下三分局势，在 220 年曹丕称帝后，重心亦开始倾斜。出于权宜之计，孙权宣布东吴成为魏国的附属国，他本人也被曹丕封为吴王。可以说，孙权虽雄踞江中，但心里却时常感到焦灼与不安。

就在这一年，与自己有着深深恩怨的刘皇叔猝然病逝，而曹魏政权依然是孙权要面临的劲敌。为了以策万全，孙权不得不加紧在长江防线训练水军修筑军事，以随时迎战曹军的大军进犯。在这样的时代背景下，一座名扬千古，并引发后世无尽猜想的建筑，也即将在这风云争霸中诞生。

彼时，正值盛年的孙权出于政治策略的考量，决定将东吴的政治中心迁移到鄂，也就是今天的湖北省武昌市。当时，武汉三镇之一的武昌被称作江夏，它地处江汉平原东部的龟山与蛇山之间，浩荡长江在三处福地与汉水交汇。值得一提的是，刘备当年依附刘表，所占据的地盘就是江夏。江夏乃富庶之地，钱米甚巨，其位居内陆腹地，依托长江天险，可谓是易守难攻。在群雄逐鹿的东汉末年，江夏素来是兵家必争之地。

深谙兵法之道的孙权，当然知道江夏对自己来说究竟意味着什么。占据江夏，一可对北防御曹魏的南侵，二可对西防御蜀汉向东的袭扰。可以说，彼时孙权坐镇江夏，要比坐镇建业（今南京）更能兼顾这两方面的攻守，深思熟虑之下，孙权将政治中心迁往江夏，并在江夏修筑下口古城。为了更好地观察敌情，孙权还下令在夏口城西南角建造一座应急危楼，这座应急危楼便是赫赫有名的黄鹤楼了。

有趣的是，几乎在孙权建黄鹤楼以拒强敌的同一时间，东吴大将鲁肃也在长沙（今湖南长沙）郡修建了另一座著名的阅军楼，名为岳阳楼。可见，东吴君臣的心思如出一辙，都为北方和西方的敌人忧心不已。

曹魏要想南下，蜀汉要想东进，都不得不与东吴来争夺长江中游地带。孙权下令修建的黄鹤楼（即江夏的军事前哨）在南面，鲁肃下令修建的岳阳楼在洞庭湖。以汉水的入江口为界一南一北，可见东吴防御性军事部署的完善之处。孙权用这样的方式，向世人表明了自己与曹魏抗衡的决心。而孙权采取的军事部署，也很快见了成效——那是黄鹤楼建成后的第二年，曹丕出广陵望长江，他称霸天下的心丝毫不弱于曹操，可当他看到东吴的军事部署后，却感叹东吴有孙权便无法侵占，于是悻然回归北方。

与后世不同，当年登高远眺江中的并

唐 阎立本 孙权像

三国时期孙吴开国皇帝、政治家、军事统帅。

唐 阎立本 刘备像

西汉中山靖王刘胜之后，三国时期蜀汉开国皇帝，年号章武。

非文人墨客，而是披坚执锐的东吴将士。不过，这并不影响后世文学将黄鹤楼与才子联系在一起的创作。在元杂剧中，有一出名为《刘玄德醉走黄鹤楼》的故事，讲的是周瑜在黄鹤楼上设宴，款待刘备，谁知，此宴乃是周瑜设下的鸿门宴，只等刘备一来，东吴的刀斧手就要取刘备性命。彼时，刘备身边只有赵云一人，赵云虽然百般劝说刘备，奈何刘备一意孤行，执意前往，后幸得诸葛亮设计相救，这才让刘备逃出生天。

但是我们前面提到，黄鹤楼成楼时间是 223 年，而周瑜则是在 210 年就去世了。所以，周瑜当然不可能在黄鹤楼设宴款待刘备。不过，不管孙权建造之初的黄鹤楼是何种风貌，与当时何人有着密不可分的关系，也都不影响它今日历史名楼的地位。

如今的黄鹤楼，见证了历史的风雨、朝代的更替、文人的风流、武将的傲骨，最终跨越千年，成为江边一道典雅厚重的风景。如今我们登楼远眺，或许眺望到的某处风景，也曾映过历史人物的眼中。

# 浪漫的黄鹤楼传说

在三国时代，黄鹤楼所处的武昌地区还是一片沼泽。那时候，鸟类往来迁徙，形成难得的奇观，黄鹤楼的名字也因此而来。

280 年，东吴以一隅之地实在难以抗衡曹魏，最终宣告覆灭。可是，黄鹤楼在此后的起义与暴乱中却依然发挥着据守瞭望的军事作用。直到有一天，在一次整修中，人们竟然意外地在黄鹤楼之下挖出了一堆白骨，因此黄鹤楼便被覆上了一层神秘的色彩。

当时，人们很忌讳在严肃神圣的军事禁区埋葬尸体残骸。所以，这堆白骨多半是三国时代到大唐贞观年代的四百年间埋葬的。这四百年里，黄鹤楼并没有在正史中出现过，但随着政权的更替，随着战火的燃烧，作为兵家必争之地的武昌肯定是刀光剑影、鼓角争鸣。

**清 关槐 黄鹤楼图**

此图笔意苍浑，墨色秀润，画境
恬静，具有院画风格，图局部右
侧为汉阳、汉口，左侧为武昌，
中间是长江，黄鹤楼矗立武昌一
侧江边。

清 关槐 黄鹤楼图（局部）

元　赵孟頫　诸葛亮像

此图现藏于北京故宫博物院，绘诸葛亮手持如意，凭隐囊而坐。

在南朝，佛教开始盛行，有一位动了恻隐之心的人下令，将那些为了国家社稷牺牲的臣子，将那些受到战火涂炭的生灵，在黄鹤楼下埋而祭之。这个人是谁呢？他就是梁武帝同父异母的皇弟——萧秀。

自萧秀后，黄鹤楼除了军事功能外，又增添了一个功能，那便是祭祀亡魂。或许是常年征战，让百姓苦不堪言，或许是楚地自古以来巫傩文化的盛行，总之，原本以鸟类繁多而得名的黄鹤楼，开始被人们赋予了新的传说。

传说在某场祭祀进行的过程中，一只被祥云环绕的黄鹤从天而降，与黄鹤一同降临的是一位鹤发童颜的仙人。这位仙人，便是三国时期蜀汉的臣子——费祎。

据说，当年费祎还是道士的时候曾云游到黄鹤楼，并在黄鹤楼的墙壁上画过一只神鹤，每当有人来访，这只神鹤便会翩翩起舞，为众人助兴。十年后，费祎再次来到黄鹤楼时，便跨上黄河飞升成仙了。这费祎何许人也？他便是诸葛亮在《出师表》中向刘禅进言，让刘禅重用的人物之一。仙人乘鹤来访，这对正在举行祭祀活动的黄鹤楼来说，自然是至高无上的肯定与荣耀。

无论黄鹤楼的美丽传说是真是假，民间百姓都很愿意相信，尤其是饱受战乱的楚地百姓，更愿意相信这类神鬼传说传达出的善良平等的朴素思想。即便驾鹤成仙是那么的遥不可及，但在孕育了《楚辞》《离骚》《天问》的楚地，这样的传说依旧那么令人愿意相信，那么令人心向往之。

我们都知道，自然界中的鹤只有黑白二色，而黄色的鹤，原本就带有一种浪漫艺术的夸张成分。就像中国神话中的龙、凤、麒麟等神兽，它们在自然界中是有原型的，但人们将自己的想象加注在这些动物身上，创造出了承载人们美好愿望的东西。

在那个战火纷飞的年代，神仙便是人们对美好生活的曲折反射。人们用世界上并不存在的黄鹤来赋予黄鹤楼美好的含义，就等同于将自己的精神寄托于黄鹤楼。

此时，黄鹤楼不再是一座军事瞭望楼，而是更上升了一个高度，成了人们寄托心愿的希望之所。

# 故人西辞黄鹤楼

数百年风雨飘摇，曾经只属于军事家、政治家的黄鹤楼，在一只黄鹤的传说中开始转身，施施然地飞入了寻常百姓家。此后，黄鹤与仙人的传说成为黄鹤楼文化内涵的精髓和魂魄，一直在楚地流传。

转眼，时光流转到了725年。这一年，黄鹤楼又遇到了另一位"仙人"，他便是斗酒诗百篇的诗仙——李白。彼时，年轻的李白从蜀地出峡游行天下，来到黄鹤楼，他便与黄鹤楼结下了千年不解之缘。

不过，对于黄鹤楼来说，李白的到来有些姗姗来迟了。因为早在李白之前，便有一位名叫崔颢的诗人，在黄鹤楼上留下了脍炙人口的名篇。那是626年初春的一天，升平的歌舞驱散了黄鹤楼数百年的战争阴霾，黄鹤楼的命运以及功能也因此有了一次华丽的转身。唐代初年，百废待兴，唐太宗吸取隋朝灭亡的教训，实行休养生息和鼓励农桑的政策。

自古以来，中国便有"国运昌则楼运昌"的说法。此时的黄鹤楼几经修缮，已成为名副其实的景观建筑，是文人骚客们"游必于是，宴必于是"的雅处，崔颢也向着黄鹤楼信步走来。也许是壮怀在胸，崔颢登高远望，面对着山川景色和美丽传说，实在是控制不住自己的满腔感慨。于是，他提起笔来，一气呵成了流芳千古的感慨：

> 昔人已乘黄鹤去，此地空余黄鹤楼。
> 黄鹤一去不复返，白云千载空悠悠。
> 晴川历历汉阳树，芳草萋萋鹦鹉洲。
> 日暮乡关何处是，烟波江上使人愁。

黄鹤楼实景图

正是这首《黄鹤楼》，让诗仙李白为之搁笔。从此，崔颢和黄鹤楼名气大增，黄鹤楼还因此一度被称为"崔氏楼"。在那个诗人辈出的大唐，崔颢或许只是众多才子中普普通通的一位，甚至连"李白搁笔"这件事我们亦无从考证。但无论如何，崔颢这首《黄鹤楼》被公认为吟咏黄鹤楼的千古绝唱，却是公认的事实。

在严羽的《沧浪诗话》中，这首《黄鹤楼》被认为是唐代七律第一。虽然这首诗并没有严格按照七律的格式去作，但它最巧妙的地方，就是从黄鹤楼的神仙传说入手，逐渐将人们从幻想拉回现实。

唐代是一个浪漫的时代，同时也是个很现实的时代。唐人高度的文化自信赋予了大唐诗人傲骨，但唐代的现实环境也不得不让诗人们担忧。在崔颢的《黄鹤楼》中，他虽然在追寻人的幸福，追寻灵魂的超脱，但一个"愁"字，却也说明了崔颢对现实的无奈，以及对现实的清醒认知。自古以来，"愁"便是一个非常重要的文字元素，但能将"愁"字写得如此浪漫洒脱，崔颢也算得上是前无古人了。

当然，"崔氏楼"是属于崔颢的荣誉，但这并不代表崔颢之后就没有才子登楼，并留下脍炙人口的诗篇佳作。758年，同样是在明媚的日子，李白因永王璘事件受到牵连，以附逆罪被流放夜郎。途经武昌时他故地重游——李白热爱黄鹤楼，可以说热爱到无以复加的程度，他不仅在安陆居住期间数次登临黄鹤楼，后来的仕途跌宕中这里也留下了他狂傲不羁的身影——只是他没有想到，这一次竟会成为他与黄鹤楼的永别。

想必，彼时的诗仙李白，站在楼顶听到的也不再是烟波江上澎湃的涛声。不过，他也因当时的心境，留下了这首被后世认为与崔颢的《黄鹤楼》一样流芳百世的诗作，那便是《与史郎中钦听黄鹤楼上吹笛》。

> 一为迁客去长沙，西望长安不见家。
> 黄鹤楼中吹玉笛，江城五月落梅花。

可以说，黄鹤楼因李白的到来而平添无限风流。山川人文相互倚重，黄

清　苏六朋　太白醉酒图

图绘李白头戴学士巾，身着白色宽袖袍，蒙眬虚醉的眼神中含着高傲之气。身着灰黑服装的二侍更衬出李白"酒仙"的气度。

鹤楼在沾染了金戈铁马的豪气、神鬼文化的仙气之后，又增添了诗歌文化的灵气。可惜，令人遗憾的是，整个唐代没有一首关于黄鹤楼建筑方面的绘画存世。不过，也正因如此，唐朝时期的黄鹤楼才更显得神秘莫测，令人心向往之。

随着日月更替，时光流转，大唐的诗人墨客们亦随滚滚浪花东流逝去，风雅大宋的才子们悄然登场，又为黄鹤楼增添了不少神秘的笔墨。

那是三百年后的 1169 年，诗人陆游入四川途经鄂州逗留，专为访求黄鹤楼故址而来。可是，他在《入蜀记》一文中却写道："尽楼已废，故址亦不复存。"

这是怎么回事？在宋代以前曾经盛极一时的黄鹤楼，是何时、因何从黄湖山上消失的？又是什么原因导致了它的不复存在呢？

# 鼓楼迷影

黄鹤楼掠过三国，游过大唐，转而又迎来了风雅之宋。1169 年，南宋著名诗人陆游慕名来到黄鹤楼，想一观黄鹤楼之真颜。谁知，当他来到这座盛极一时的高楼时，却发现黄鹤楼只剩下了一处遗址。

从唐到宋，黄鹤楼究竟经历了什么灭顶之灾，才会被毁得只剩一处遗迹呢？事情还得从南宋朝廷与虎视眈眈的金国之间多年的征战说起。

彼时，北宋朝廷已经灭亡，宋徽宗、宋钦宗还被金人俘虏，远走北国。宋高宗赵构在江南建立了南宋朝廷，将宋朝国祚又延续了数百年。不过，人到中年的赵构早已没有了接父迎兄、光复大宋的念头，此时的他只想偏安一隅，过几年富贵日子。

早年间，赵构与著名抗金英雄岳飞也有一段"蜜月期"，君臣二人惺惺相惜，都想做出一番事业。不过，后面也就只有岳飞和岳家军还记得打到北国迎回二帝的初衷了。

当年，在黄鹤楼附近流传了一首岳飞的《满江红·登黄鹤楼有感》。

> 遥望中原，荒烟外、许多城郭。想当年，花遮柳护，凤楼龙阁。万岁山前珠翠绕，蓬壶殿里笙歌作。到而今、铁骑满郊畿，风尘恶。
>
> 兵安在？膏锋锷。民安在？填沟壑。叹江山如故，千村寥落。何日请缨提锐旅，一鞭直渡清河洛。却归来、再续汉阳游，骑黄鹤。

这首词不仅广为流传，而且还被刻在了石碑上。一句"叹江山如故，千村寥落。何日请缨提锐旅，一鞭直渡清河洛"，直接激发了宋人的壮志豪情，也激发了人们寄情于黄鹤楼的美好情愫。

根据史料记载，1134 年，岳飞曾在离黄鹤楼不远的武昌嗣门口设立了帅府。他认为，大军北伐的时机已经成熟，便上疏朝廷奏请精兵二十万，直捣黄龙，救回二帝。据说，这首词就是岳飞写于这样的背景之下。

一代名将岳飞的到来，就意味着黄鹤楼重新涂上了战争的色彩。不过，关于岳飞是否真的设立了帅府，以及他是否真的

明　佚名　岳飞像

作了这首词，却一直是众说纷纭。因为从岳飞的孙子岳珂编撰的《金托粹编》看，其书内并没有收入这首词。若这首脍炙人口的名篇真为岳飞所写，为何他的孙子却不将其编撰入书呢？关于这篇辞赋与帅府设立的种种质疑，又让黄鹤楼的遭遇之谜重新扑朔迷离起来。

1178 年，陆游不知因何事生出感慨，写下了一篇关于黄鹤楼的诗歌（节选）。

> 手把仙人绿玉枝，吾行忽及早秋期。
>
> 苍龙阙角归何晚，黄鹤楼中醉不知。

这篇《黄鹤楼》一问世，或许连宋人也觉得奇怪。此时的黄鹤楼早已是一片废墟，陆游怎么能醉卧在黄鹤楼里而不知情呢？仔细想想，也便觉得释

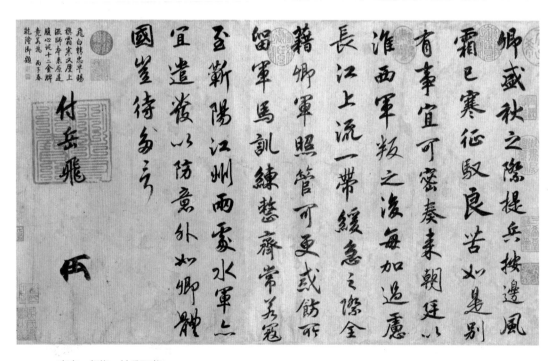

南宋　赵构　付岳飞书

赵构即位初年，对岳飞又爱又敬，仅亲笔写给岳飞的信，就够印一本厚厚的书。

明 佚名 黄鹤楼图

然了。是啊，这座曾经游人如织的盛世名楼，或许也寄托了陆游对太平盛世的幻想吧。可惜，在这战乱的年代里，黄鹤楼终究成了一片焦土，可嗟可叹。

无独有偶，就在陆游寻访黄鹤楼后不久，南宋另一位诗人范成大也在鄂州逗留期间，前往黄湖山的一座被称为"南楼"的地方，以登南楼来寄托自己对黄鹤楼的怀念。范成大之后，南宋才子们屡屡吟诵南楼，却对黄鹤楼闭口不谈了。恍惚间，仿佛世界从未有过黄鹤楼一般，南楼才是寄托了人们浓烈情怀的灵魂高楼。

这座短暂取代了黄鹤楼的南楼，与黄鹤楼旧址仅相隔数十米，曾与黄鹤楼错落分布，遥遥相望。根据武昌县志记载，这座南楼原本就是三国时期武昌城的专楼，因为它在武昌县（今武汉江夏区）之南，故而被称为"南楼"。魏晋以前，南楼并不算出名的高楼，直到有一位名叫庾亮的人登上南楼后，这座高楼才随之声名鹊起。

庾亮是魏晋南北朝时期的一位权贵，这日，他登上南楼，发现王羲之、殷浩等文人都在。根据当时的讲究，平民低禄者见到权贵需要回避，但庾亮却毫不在意地说，"诸君少坐"，"老子于此，兴复不浅"。意思是大家都不要忙着走，我不过是一个老人，我对你们文人墨客的聚会也很感兴趣，你们不必回避，自娱便是。说完，庾亮就真的在胡床上躺下，与众文人一起吟诗谈笑。

就这样，庾亮通透随性、无视等级的典故让南楼的名声得以流传，尤其到了宋代，文人士大夫们虽然很受重视，但却被伦理纲常束缚，不能自由自在地各抒情怀。此时，文人们没有黄鹤楼可以吟咏，便慕此典故，纷纷去南楼咏叹。也因为此，后世亦有种说法，称陆游所吟咏的《黄鹤楼》，指的也是这座南楼了。

南宋之后的几百年间，黄鹤楼屡次修建，又屡次被毁，仅明清两代，黄鹤楼就被毁了七次，修建与维修更是达十次之多。这些黄鹤楼或毁于战争，或毁于大火，转眼，时间来到了1871年的咸丰年间。此时，一位金发碧眼的外国人来黄鹤楼游玩，并拍下了一张照片。照片里的黄鹤楼为三层建筑，是清政府为了庆贺剿灭太平天国而建。可是，1884年9月22日，汉阳门外一处作坊失火，火势迅速蔓延，也殃及了黄鹤楼。此次，黄鹤楼只留存了一件船舰铜锭，这也是历代黄鹤楼中，唯一保留下来的遗物。

一场大火，终于让饱经沧桑的黄鹤楼灰飞烟灭。

# 黄鹤楼壮歌

清朝末年内忧外患，战火连绵。同治年间，黄鹤楼烧毁之时，清王朝已经走向了衰落。此时的清王朝就像汪洋大海中一只摇摇欲坠的小舟，自顾不暇的清政府自保尚且勉强，何况是重修黄鹤楼呢？从此，黄鹤楼只留下了一片残垣断壁，只能默默等待新生。

如若黄鹤楼有魂，那它一定不知道，距离下次脱胎换骨的新生，还要足足等上一百年。一百年后，那是一个充满革命的时代。在这个时代里，黄鹤楼不仅没有被众人遗忘，反而与中国近代史紧密相连。

那是 1889 年的一天，张之洞因督办金武铁路修建而调任湖广总督，他在任湖广总督的 17 年中，开始大力推行洋务新政，并在湖北开办工厂，带领新军开展新式教育。在国

**张之洞像**

张之洞与曾国藩、李鸿章、左宗棠并称"晚清中兴四大名臣"。中国晚清重臣、后期洋务派代表人物。

力衰微的清朝末年，张之洞因为先进的思想而成为洋务运动的代表人物。

张之洞到任的第三个年头，他创办的汉阳铁厂动工了。一时间，湖北呈现出了工商兴旺，教育初步发达的小繁荣景象，汉口也成为仅次于上海的发达地区。在武汉留任期间，张之洞百忙之中也没有忘记黄鹤楼。

张之洞知道，对于以土木结构为主，但消防设施落后的古代建筑，失火是件很难避免的事情。要想逃脱焚毁的命运，除非建一座铁的黄鹤楼。当时，张之洞已经在汉阳地区建造了汉阳铁厂，炼出了很多钢铁，所以，他才萌生了"用钢铁铸造的楼永远不会烧毁"这个大胆的想法。而且，值得一提的是，汉阳铁厂不仅是中国第一个现代钢铁联合企业，也是整个亚洲第一个现代钢铁联合企业。当然了，这个大胆的想法终究没有付诸实践，不过，另一座楼却因张之洞而生，这座楼便是"奥略楼"。

1907年，湖北军界和学界感念张之洞的贡献，于是筹资想为张之洞建造一座楼，来纪念他的文治武功。这座楼选址在原来黄鹤楼的地方，大家还给楼取了个名字，叫"风度楼"。可是，张之洞听到这个消息后，赶紧写信、发电报，告诉对方千万不可。因为黄鹤楼是历史名楼，这个地方又是形胜之地，张之洞不敢妄受。后来，张之洞又说，这地方如果建楼，便沿用晋人"恢宏奥略"的说法，就叫奥略楼吧。

等到奥略楼建成，张之洞亲自为奥略楼提了一副楹联，上联是"希贤整顿乾坤，缔造多从江汉起"，下联是"今日交通文轨，登临不觉亚欧遥"。因为奥略楼的建筑造型与黄鹤楼有很多相似之处，而且，奥略楼也挂了"南维高拱"匾额，以及"大江东去""爽气西来"的对联，最重要的是，它又坐落于黄鹤楼故址附近。所以，从此之后的几十年，奥略楼便成为黄鹤楼的替身，引来无数文人雅士前来登临。

这座奥略楼一直留存到1955年，当时，当地为了修建长江大桥，不得已将奥略楼拆除。而奥略楼也彻底成为苍茫历史中的一粟，几经飘摇最终还是归于沉寂。不过，虽然奥略楼消失，但它与张之洞的传说却延续下来。或许，张之洞也同奥略楼一样，虽然有心做更多的事，成为更好的人，但历史总是事与愿违，充满偶然。

张之洞与武汉的渊源从铁路开始，也从铁路终结。由于诸多原因，岳汉、川汉铁路激发了四川和两湖的人民矛盾，成为武昌起义的导火索。由张之洞发起的湖北新政，最终孵化出反封建的社会新生力量，成为清政府封建王朝的掘墓人。

黄鹤楼遗址附近的山壁上曾经有一幅画，内容是全面抗战的宣传画。当时，抗日战争硝烟弥漫，画家用这样一幅画，见证了武汉保卫战的细节。当时日寇攻克南京，新政府也迁都重庆，不过大部分机关与军事部门都留在了武汉，此时的武汉同三国时期的江夏一样，都是全国范围内重要的军事、政治、经济中心。位于黄鹤楼附近的湖北省图书馆，在 1937 年 12 月 13 日就是国民政府军事委员会，著名的保卫武汉的作战计划就在这里拟定。

在离黄鹤楼三十公里的武汉青山镇，至今还流传着槐林壮歌的抗日英雄事迹。武汉保卫战中，一位名叫张怀民的空军飞行员与敌人发生了激烈战斗，最后不幸被敌机击中。机毁人亡的那一刹那，那张怀民果断撞向敌机英勇牺牲。当地百姓从江中打捞起其遗骸，埋葬在黄鹤楼下。可以说，此时的黄鹤楼虽然已经是一处遗迹，但它仍然承载着人民的希望，见证着历史的兴衰。

# 黄鹤知何去，剩有游人处

一百年来，黄鹤楼一直在沉睡中等待着被人唤醒。时光流转，历史的车轮向前滚动，并在 1927 年 2 月停住了脚步。当时，一位意气风发的年轻书生夹着油纸伞，从湖南考察完农民运动后，逆流而上来到武昌，这位年轻书生就是毛泽东。来到武昌后，青年毛泽东登临黄鹤楼遗址，写下了一首气势磅礴的《菩萨蛮·登黄鹤楼》。

茫茫九派流中国，沉沉一线穿南北。

烟雨莽苍苍，龟蛇锁大江。

黄鹤知何去，剩有游人处。

把酒酹滔滔，心潮逐浪高。

转眼三十年过去，毛主席故地重游，来到了黄鹤楼的遗址，并做出重修历史建筑黄鹤楼的批示。然而，由于种种原因，黄鹤楼的重建工作虽然一直在积极筹备，但始终没能启动。

不过，令人惊奇的是，在这一百年间，虽然黄鹤楼没有以完全体呈现在世人面前，但这并不妨碍它存在于世人的脑海中。可以说，黄鹤楼虽然失去了楼的形状，但它的灵魂却一直留存在这片土地之上。

不过，为了更好地承接游人，黄鹤楼附近还是出现了很多替代的楼阁庙宇，以供人们休闲。这些楼阁庙宇，直到后来修建武汉长江大桥时才被陆陆续续地拆掉。这些建筑并非某一家，或者某一人的高楼庙宇，而是遍布了各家各人，比如有儒家的武昌府文庙，专门纪念孔夫子，再比如有佛家的头陀寺，道家的武当宫、吕祖阁（专门供奉吕洞宾的阁楼），等等。黄鹤楼虽然仅剩一堆废墟，但各家各派的人们都习惯聚集于此，或者怀古，或者叹今。虽然世事变迁，但人们一样习惯在遗址这个地方，坐看帝王将相、才子佳人的轮番登场。可以说，这里的人们，其生活与情感都已和黄鹤楼再难分开了。

对于黄鹤楼本身，人们的理解各不相同，但关于黄鹤楼的情结，却深深植根于每个武汉人的心里。事实上，黄鹤楼一直变换着外观和样貌，但来此游玩攀登的人，又绝不只是冲它的外形而来。因为黄鹤楼的功能和内涵，一直随着人们的需求而改变。

有人说，黄鹤楼是一座活着的楼，它是为人而活着的楼，是活在人们心中的楼。它的功能不断演变，所以更能结合所处时代的社会历史发展，而被赋予一种全新的内涵。在任何时候，人们都可以把黄鹤楼当作精神的一种象征、一种寄托。所以，在任何时代，人们都会向往它、登临它、欣赏它。即便它只剩下一处遗迹，人们也照样怀念它。

黄鹤楼历经千年，几经损毁，但它却是一个永远都没被毁掉的楼，是一座永远都存在的楼。黄鹤楼就是一种象征，这种象征代表了每一个人对内心美好事物的至高追求。黄鹤楼的历史，并不是它外在形态的改变史，而是中国人从古到今的精神文明史。"黄鹤知何去，剩有游人处"，如今黄鹤楼金碧辉煌，古色古香，成为中外驰名的中华历史名楼。但在辉煌的背后，更让人闻之欲醉的是它浓厚的精神文化底蕴。

　　或许，在日月澄晖的陪伴下，楼体只是黄鹤楼的一个躯壳，而它的灵魂，则是那被一代又一代人赋予了太多精神寄托和文化内涵的黄鹤。如今，黄鹤已去，已自由地飞向了虚无缥缈间。但这只虚无缥缈的鹤，反而更能接近人们内心深处的真实，因为那就是人类永恒的精神需求。

# 第三章
# 晨钟暮鼓，盛世太平

# 朱元璋与钟鼓楼

"往事如烟千古事，斜阳映照钟鼓楼。"

走在西安街头，相信人们都很难忽视那古色古香的钟鼓楼。这两座楼古朴大气，与西安古城遥相辉映。驻足观看，人们仿佛能够梦回长安，一品那盛世大唐……十三朝的历史古都西安无疑是座有故事的古城。然而，西安钟鼓楼的兴建，却并非在盛唐时期，而是在明太祖朱元璋时期。

令人疑惑的是，西安并非明朝的国都，但钟鼓楼的兴建，却是明太祖朱元璋按照最高级别的建筑规格修建的。这究竟是怎么回事呢？事情还要从14世纪60年代说起。

那是1368年春天的某个早晨，中国历史上一个重要人物隆重登场，他便是颇具传奇色彩的草根皇帝——朱元璋。彼时，朱元璋缓缓登上了自己梦寐以求的皇帝宝座，这一年，他不过四十岁年纪，但他的戎马生涯却已经过了十六年。

十六年血雨腥风，十六年诡谲谋算，一路奔向南京的朱元璋即将面临的是另一场全新的战争，而这场仗，将一直延续到他生命的终点。

像每一位开国君主一样，朱元璋登基之后便励精图治，致力于开创大明帝国的崭新气象。而钟鼓楼，便是朱元璋展示大明朝百废待兴的重要一步。西安古城墙绵延十几公里，是中世纪后期中国历史上著名的城垣建筑之一。坐拥江山之后，朱元璋便着手在各大城市修建世界上最坚固的城墙，同时修建钟楼、鼓楼，安定民心。

朱元璋从小生活贫苦，早年曾在皇觉寺当过僧人。在群雄割据的年代里，朱元璋能打出一个大明江山是非常不容易的。所以，朱元璋一直想方设法，要把大明江山千秋万代地传承下去。所以，他积极改革原有的统治制度，把

**明 佚名 明太祖朱元璋坐像**

朱元璋是元末农民起义军首领，明朝开国皇帝，史称明太祖。

那些能巩固皇权的发扬光大，把那些会对皇权造成威胁的一律革除。

比如丞相制，朱元璋认为丞相手中实权太多，对自己的皇位威胁太大，于是便革除了丞相制。要知道，丞相制度在中国有着悠久的历史，在中国沿用了两千多年，甚至是蒙古族入主中原建立的元朝，也无一例外地沿袭了这个制度。可是，朱元璋却破了这个例，他一举废除了延续千年的丞相制，中书省的设置也随之取消。这个举动震惊了朝野，因为丞相制在中国的政治体制中是处于核心地位的。朱元璋秉承这样的态度，自然不会将皇权下放给大臣，这也就不难解释为什么朱元璋陷入庞大的政务中不能自拔，终日忙碌不已了。

那么，朱元璋克勤克俭、紧握皇权，与西安的钟鼓楼又有什么关系呢？原来，明朝开国之初，国家历经多年战乱，财力衰微。朱元璋大力倡导开垦荒地，勤俭节约，没有大兴土木，甚至毅然撤销了要在南京狮子山上修建阅江楼的计划。

要知道，朱元璋曾在狮子山上大败陈友谅的大军，原本，朱元璋打算在狮子山上建造阅江楼，以此纪念这次战役的成功。朱元璋甚至为此兴致勃勃地亲自撰写了《阅江楼记》，可是，后来考虑到财政困难，朱元璋还是放弃了这项已筑好台基的工程。然而，放弃了阅江楼后，朱元璋却把目光瞄向了西安，打算在西安修建钟鼓楼，可见钟鼓楼在朱元璋心目中的分量。

1380年，鼓楼在西安广济街附近问世完工；四年后，钟楼也随之落成，与鼓楼相对呼应。在大明，这两座建筑都以当时皇家级别修建。随后，朱元璋又先后在凤阳、甘肃等地建造钟鼓楼，让晨钟暮鼓提醒着天下子民——只有勤奋劳作，才能共创太平盛世。

晨钟暮鼓，这是多么安定的词汇，它不仅凸显了社会的安稳，人民的安居，也时刻提醒着人们珍惜时间，珍惜光阴，勤劳勤奋，冀图进步。不过，仅凭如此，钟鼓楼就打败了阅江楼似乎也说不过去。那么，朱元璋为何在非国都的西安城修建如此高规格的楼阁呢？钟鼓楼背后又隐藏着怎样的秘密呢？这件事，还要从钟与鼓本身的源头去追溯探寻。

# 钟鸣鼎食，鼓舞欢欣

"鼓人掌教六鼓、四金之音声，以节声乐，以和军旅，以正田役。"这是《周礼》中的一段话，里面提到的钟与鼓，正是中华乐器史中两件无法取代的乐器。

自占以米，钟与鼓就因独特的音域与音色，在中国乐器史上享有盛名。钟鼓在古代乐器中所占的重要地位，决定了它们被用于古代社会生活中的许多重要场合。

从《周礼》上看，钟和鼓都是成员众多的家族。相传，早在数千年前的炎黄时代，钟鼓之音就曾经回荡在中原大地上。不过，那时候的钟与鼓，所包含的意义与功能和后世完全不同。但不可否认的是，清扬的钟声和雄壮的鼓声一直紧紧伴随着人类，从远古蛮荒一步步走向文明，并开始有了奏乐之外的功能和含义。

"钟"是一门古老的乐器，据郭沫若、唐兰等学者推测，一开始的钟可能是竹制，后来才改为了陶制。目前人们发现的出土年代最早的金属钟是来自商代的青铜钟，这种钟比较普遍地存在于贵族阶层中。当时，贵族们会将大小不一、形状各异的钟编在一起敲击取音，而大规模的编钟，则主要用于宗庙祭祀和大型宴会里，是国家权力的象征。地位不同，所使用的乐器也不相同，如对于天子，乐器应该四面悬挂；诸侯去掉南面，只挂三面；卿大夫悬挂左右两面；而士则只有一面。

至于摄人心魄的鼓，相传是由炎帝的孙子伯陵发明。在黄帝与蚩尤的大战中，伯陵杀死了一头怪兽，并用怪兽的皮制作了一面鼓。当伯陵击鼓时，敌人就会被鼓的音色震慑，最终，伯陵靠鼓赢得了胜利，鼓也因此被广泛用子军事上。

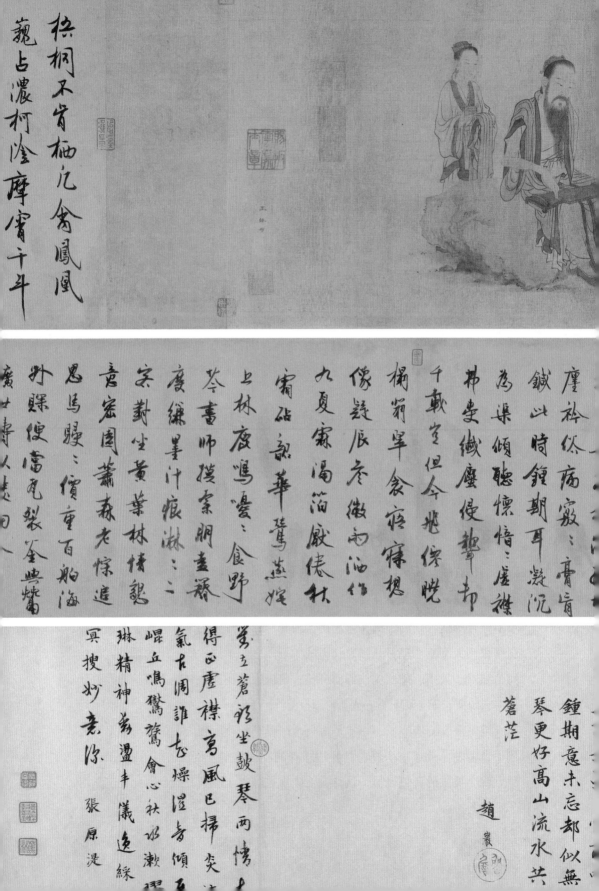

元　王振鹏　伯牙鼓琴图

《伯牙鼓琴图》是一幅典型的人物故事画，其绘制的是春秋名士伯牙过汉阳在舟内鼓琴时路遇知音钟子期的故事。

《诗经》中曾提到"窈窕淑女，钟鼓乐之"，可见在商周时期，钟和鼓就已经广泛运用了。不过，这里的鼓并非皮面鼓，而是一种陶鼓。这种陶鼓的原型曾出现在青海、甘肃等地的史前时期遗址中，属于原始时期的文明，而人类最早使用的乐器鼓为楹鼓，它起源于商代，也是后来建鼓的先辈。

当然，在那个年代，钟与鼓的主要用途都还局限在战争和祭祀上。

从战争用途看，在古代，钟鼓很早就作为战争指挥的信号使用。不管是"击鼓而进"也好，是"鸣金收兵"也好，还是"一鼓作气，再而衰，三而竭"也罢，这些都说明了钟与鼓在战争中所起的重要作用。

从祭祀用途看，钟与鼓在王公贵族的生活中始终扮演着重要的角色。中国有个成语，叫作"钟鸣鼎食"，它主要指的是奴隶社会时期，奴隶主与贵族们使用鼎（一种烹煮肉食的大铜器）吃饭，而且吃饭的时候一定要敲钟、敲磬，让音乐伴随用餐时光。在商周时期，贵族在礼乐制度方面非常讲究，这不仅是他们的生活方式，也是他们的统治需求。

历朝历代皇帝似乎都对铸钟之事格外看重，甚至连道观寺院的钟也不例外。那么，钟和皇家之间到底有着怎样的渊源呢？我们可以从《晏子春秋》中记载的一则故事里一窥端倪。

据说，齐景公曾经铸了一口大钟，并邀请人们前来观看。孔子、晏子和伯长骞三个人都来了，看过之后，三人都说这座钟一撞即毁。齐景公不相信，结果一试，果然钟毁了。齐景公很惊讶，便问他们三人原因。孔子说，钟悬得太低，不符合技术要求；晏子说，钟铸得太大，不合礼制规定；伯长骞说，悬钟的日子犯了禁忌，故而一击即毁。

从这个故事中，我们可以看出在春秋战国时期，钟鼓已经被广泛使用，并且人们已经将它当作统治阶级身份、地位、权威的象征了。在古代，钟的大小与国家的大小匹配，而鼓的使用也因等级的差别而有所不同。所以，历史上许多君王都热衷于铸造大钟、大鼓。

在古代，鼓声不仅是启闭城门、宫门的信号，也是文武官员上朝的时间通告，朝廷对外办事的机构公堂中，钟鼓也被广泛地使用，这彰显的是朝廷的威严。从此，钟鼓纵身一跃，走向了庙堂之高，常常被悬于宫廷中的主要殿堂之上，用于象征统治者的威严。

无独有偶，钟声不仅响彻在古代中国，而且也响彻在海洋的另一端。中世纪的欧洲十分盛行罗马风建筑，这种建筑风格的创新之一就是将钟楼组合到教堂建筑中。意大利人习惯将教堂、洗礼堂和钟塔变成独立的建筑物。也就是从这时候开始，在西方无论是城镇还是乡村，钟塔都是当地最显著的建筑。

比如著名的比萨斜塔，它是意大利中部比萨大教堂的一座钟楼。在教徒们看来，教堂是建立在现实世界之上的神圣空间，是神在人间的宅第。对于欧洲的基督教世界国家来说，教堂无疑是一个时代最好的建筑。当悠悠的钟声从高高的塔尖上传出时，人们又何尝不觉得这是神的召唤呢？或许正因如此，洪武大帝朱元璋才对钟鼓楼情有独钟，并希望借此聆听神谕，让大明朝得享盛世太平。

# 钟鼓楼迷踪

西安的鼓楼远离大明都城南京，但却极具皇家风范。这座享有六百年历史的钟鼓楼，映射出洪武大帝怎样的内心世界呢？十三朝古都的西安城，又隐藏着大明王朝怎样一个惊天的秘密呢？这还要从朱元璋登基说起。

我们都知道，朱元璋是草根皇帝，虽然他没有士大夫阶级那样高远的意志，但他对钟鼓的认识和利用，却与西方统治阶级不谋而合。从茅草屋的风雨到皇觉寺的孤灯，从滁州的刀光剑影到鄱阳湖的烽火连天，从千军万马中奔驰而出，从血的海洋里站立起来，经历过无数的磨难，忍受过无数的痛苦，歼灭了一个个盖世枭雄……不惑之年登基的朱元璋，已经没有多余的精力将目光投到更远的地方。此时，他只想在城市中铸造起一座又一座高高的建筑，以此昭告黎民，以震天下。

也就是说，洪武大帝朱元璋的目的，便是要让所有人都知道，自己是强大的，大明朝也是强大的。大明帝国的自信和威仪，需要在钟鼓声中传扬四方。于是，一口原本放置在西安一座道观里的唐代景云钟，因其声音洪亮，在西安钟楼落成时被移到钟楼，成为整个城市的报时工具。在晨钟暮鼓声中，孤家寡人朱元璋变得更加勤勤恳恳，一直日夜不息地忙碌了三十余年。

相传，朱元璋建成宫城以后，每天五更的时候都派人在谯楼上吹画角。根据史料记载，画角是一种古老的乐器，它的声音能传得非常远。在吹画角的时候，吹奏人要一边吹一边唱歌，歌词一共九句，前三句是"创业难、守成难、难也难"。每天清晨听到这样穿透力极强的苍凉歌声，朱元璋心头的沉重也就可以想见了。

朱元璋用这样的方式警醒和激励自己，不敢有丝毫懈怠，他希望一切都在他的掌握之中，确实一切也都在他掌握之中。然而，他却没有意识到，对他的王朝和子孙来说，这将是他一生中所犯的最大错误。

谯楼上画角吹难的歌声恰好成了预言，在废除了丞相制之后，皇权虽然集中在朱元璋本人手里，但做皇帝的确变得非常辛苦，而且日理万机这件事，也完全不是一个人就能做好的。所以，到明代后期的时候，一些皇帝根本就不临朝。比如大明的万历皇帝，他很多年都没有上过朝。实际上，这就是他对日理万机的一种消极抵抗。皇帝对理政的消极抵抗，让皇权还是散落到一些臣子手中，这就让丞相制的废除形同虚设了。此外，皇帝严防外面的臣子，却对内廷的宦官十分信任。宦官要负责照顾皇帝的饮食起居，深受皇帝信赖，这就造成明朝后期宦官专政的局面。

朱元璋的子孙中，唯有朱棣继承了先帝兢兢业业的品质，也开创了帝国新气象。在篡夺天下、迁都北京后，朱棣在帝都的中轴线上修建了同样宏丽壮观的钟鼓楼，以此勉励自己与子孙后代克勤克俭、勤勉做事。当然，对于其他那些不理朝政的后世子孙来说，这曾经激励过开国皇帝勤政的晨钟暮鼓也不过是形同虚设罢了。

不过，若光靠提点皇帝勤勤勉勉，这钟鼓未免也过于居庙堂之高了。为

**明　佚名　明成祖朱棣像**

画像中明成祖朱棣身穿常服端坐在龙椅上，着黄色袍，盘领窄袖，前后及两肩各金织盘龙，束带间用金、玉等镶嵌物。

了让钟鼓楼的生命延续下去，人们还赋予了它报时的功能。事实上，虽然朱元璋极富创新精神，敢为天下先，连古已有之的丞相制度都被一举废除，但在城市中修建专门的钟鼓楼报时却并非始于明代。据说，钟鼓楼的雏形起源于秦代的谯楼。谯楼在战时用来观察敌情和报警，平时则用于报时。

对老百姓而言，时间也是比较重要的概念，尤其是商人和农民，他们需要靠时间来制订劳作计划。对那些有宵禁制度的朝代来说，时间更可以帮助统治者维护统治，这是非常重要的事情。不过，时间率先兴起的地点依旧是在宫中。皇宫是皇帝生活处理朝政的地方，也是文武百官上朝奏事的场所。宫中有大批的卫侍和宫人，这些都需要比较严密的管理，所以时间概念尤为重要，计时技术也就率先在宫中使用。

根据《史记》记载，汉代宫中已有"天明击鼓催人起，入夜鸣钟催人息"的时间概念。换言之，中国古代钟鼓楼大约起源于汉代。而在皇宫之外，老百姓主要是靠击柝传呼报时。这里的柝就是我们常说的土梆子，土梆子体积小，简便易行，在民间被广泛使用。事实上，直到清代，土梆子报时的方法仍广泛应用在民间。

那么，钟鼓楼为何被朱元璋修建在城市中，而不是放置在自己的宫殿里呢？钟鼓楼与十二时辰之间又有什么样的关联呢？

# 钟鼓与十二时辰

提起十二时辰，人们脑海中总会出现打更人敲梆子吆喝的场景，那是因为钟鼓楼作为一种固定形式，率先出现在皇宫和寺院、道观之中，老百姓平时很难接触到。从很久之前，钟鼓就被宗教作为法器看待，并常常使用于宗教仪式之中。

在道观和寺院中，钟楼和鼓楼都设置在醒目的位置。佛教认为，晨时鸣钟可以破除长夜、警醒睡眠，夜晚击钟，则可以使人避免昏昧保持清醒。从宗教角度看，佛教认为钟声可以使人破除恶念、消除烦恼。比如西安著名的大雁塔所在的慈恩寺，以及小雁塔所在的荐福寺里，人们都能看到相对而立的钟楼和鼓楼。

寺院一般都是采用钟楼在东、鼓楼在西的格局。在城市中，钟鼓楼的位置则没有确定的规格。不过，关于敲击钟鼓的数量，古代却有一套严格的规定，那就是敲钟时，每次需敲击一百〇八下，击鼓与撞钟相同。

从佛教的角度看，人类是存在一百〇八种烦恼的，敲击一百〇八下钟鼓，就可以破除这些烦恼。那么，为什么人类的烦恼是一百〇八种呢？这是因为一年有十二个月，有二十四个节气，七十二个候（古代以五日为一候，一月六候，三候为一节气），加起来正好是一百〇八，这个数字也代表了一整年。

从元代开始，钟鼓楼对峙的形式就在许多城市中流行开来，这也成为古代城市中的重要景观之一。除了用钟鼓声报时外，人们还可以看到钟鼓楼上悬挂的时辰牌，即时更换用来报告十二个时辰，可谓是一目了然。

城市钟鼓楼通常建在店铺林立的闹市区，也就是商业中心区，所以，钟鼓楼与市井百姓的生活可以说是密切相关。不过，在没有发明钟表的古代，钟鼓楼所通报的时间又是依据什么得来的呢？这就要从日月星辰说起了。

当人类社会还处于比较低级的发展阶段时，人们遵循着"日出而作、日落而息"的规律。白天，人们以太阳在空中的位置，来判断时间的早晚。夜间，人们则以雄鸡打鸣的时间，来判别是否天亮。到了汉代，人们发明了日晷，但日晷的投影角度是随着太阳的移动而不断移动的，跟钟表的时针差不多，但在夜晚或者逢上阴雨天，日晷就不能发挥作用了。所以，新的计时方式——碑漏——应运而生。

碑漏起源于唐代，在元代已经失传，碑漏的外廓是木质的，形似石碑。它是利用铜球滚动的时间和次数来进行计时的装置。碑漏之间设有几根铜管，使铜球在铜管中不断滚动下落，一个流程就是二十四秒。第一个铜球需人工控制头球开关，其余则自动滚行，三千六百个金属球滚动完毕，正好就是二十四小时。关于夜晚的计时，还有一种更普遍的计时方法叫作"漏刻"。漏壶是中国最古老的计时器，根据史书记载，漏壶在周代时就已经出现了。到春秋时期，漏壶的使用已相当普遍。

正所谓"五夜漏声催晓箭，九重春色醉仙桃"，诗中所说的计时方式便是"沉箭漏"了。多少闺阁闲愁，多少异乡游子，就这样听着更漏，数着更漏，在漫漫长夜里，在幽静的水滴声中，或独上西楼，或栏杆拍遍……不过，由于漏刻不能发声，随着社会发展的需要，有一套传递漏刻信息的工具应运而生，这便是"钟鼓报时"了。

古人一般把夜晚分为五个更次，一般是从晚七时开始，晚七时为定更，晚九时为二更，凌晨一时为三更，依此类推，每两个小时一个更次。而所谓"晨钟暮鼓"，就是天亮的时候敲钟，开启城门。唐代有里坊制度，入夜的时候要击鼓，关闭城门与里坊门，这就是晨钟暮鼓的来历。

时间构成了过去，构成了现在，也构成了未来。中华五千年文明史，就是在时间里浮沉飘摇，最后流转至今。钟鼓楼见证了一代又一代君王将相，也见证了一位又一位才子佳人。最终，它穿越了时间，穿越了历史，与我们相见。

**迄今发现的最早的铜漏壶**

传说自黄帝时期开始，就出现了通过观测漏水来计时的工具。之后历代对于漏刻的制作和管理，都非常重视。

# 钟鼓楼与西安重镇

钟鼓楼位于西安市东西南北四条大街交会处，距今已有六百年历史，如今，它依然雄踞于西安城中心，成为中国现存历史最悠久、规模最宏大、保存最完整的钟楼。

在钟楼西面五百米处，与之遥相呼应的是西安鼓楼。西安鼓楼是目前中国第三大明代建筑，仅次于故宫太和殿，以及明长陵祾恩殿。我们可以遥想当年，在没有高层建筑的洪武年间，建造一座通高三十四米的鼓楼是多么不易，其规模和气派又是多么引人注目，让人驻足。

西安钟楼是一座重檐攒尖式木结构建筑，这种屋顶属于我国古代建筑的最高等级。纵观整个大明王朝，西安钟鼓楼的形制级别之高，甚至超过了当时的都城南京！这的确是件令人不可思议的事情。要知道，在皇权社会里，建筑的所有部位几乎都严格遵循着封建礼教等级制度，早在汉朝时期，人们就已经把建筑的屋顶分为庑殿式、歇山式、悬山式、攒尖顶这几种形式，以此显示不同的等级地位。

西安钟楼和故宫中和殿等级相同，都是重檐攒尖式屋顶，鼓楼是重檐歇山式，不仅是房顶屋檐，西安钟鼓楼的彩绘也同样非比寻常。西安鼓楼分别采用了等级很高的和玺彩绘和旋子彩绘，要知道，描龙画凤的和玺彩绘通常只用于皇家建筑当中。这样的气派，毫无疑问已经逾越了森严的封建等级制度。

前面提到，西安是十三朝古都，也是世界四大古都之一。不过，这座古城正式被称为西安是在 1368 年。朱元璋在南京建立明朝后，次年春季，大将军徐达攻下奉元路，并将奉元路更名为西安，西安这个名字取"安定大西北"之意，这个名称也一直沿用至今。

明　钱穀　荆山晓钟图页

　　明朝初年，西安虽不再是国都，但因地处西北西南军事要冲，再加上盘踞在西北地区仍有元朝残余势力，对刚刚建立的明王朝虎视眈眈。所以，1370年，朱元璋下令在西安修筑防御设施。明西安城就是在唐代皇城的基础上，历时整整八年扩建而成的，西安也因此成为西北的军事重镇。

　　直到今天，人们仍然能从保留下来的13公里明代城墙里，看出当年筑城者所费的苦心。明朝时期，西安城墙高十二米，底部宽十八米，城墙围成了一个矩形的封闭城堡。尤其这个城门，它既是进出城的一个通道，同时也是防守的一个薄弱环节。因此，建城者对城门的设计可谓是煞费苦心。

　　西安城墙基本上最外围是闸楼，就是升降吊桥的地方。吊桥升起，出入的道路就会断掉。再往里走就是箭楼，箭楼上面开有很多方形的窗口，可以往下面射箭。再往里是瓮城，瓮城是为了避开正门，可从两侧进出的地方，有瓮城就等于增加了防守的力量。

　　朱元璋晚年的时候，曾经想过将国都从南京迁到西安，而且，他还提议派太子朱标去西安考察。《明史》中有这样的记载，太子朱标从陕西回到南京后，立刻呈献了陕西的地图给父皇朱元璋，并详细介绍了西安的地理优势。朱标认为，"举天下莫关中若也，天下山川惟秦地为险固"。所以，建议朱元璋将国都迁往西安。可惜，朱标在西安考察了一年多，回到南京后不久却去世了。朱元璋晚年失去儿子，心情郁郁寡欢，也就再没提迁都的事。

　　不过，虽然朱元璋错失了重温国都旧梦的机会，但毫无疑问，西安在大明朝的版图上，其政治地位和军事地位依然权重一时。宋、元以后，各个城市几乎都建立了钟鼓楼。钟鼓楼一方面起报时作用，另一方面钟鼓楼又是全城最高的建筑，在军事层面上又能起到制高点的作用。所以，钟鼓楼历代都是由官府、军队直接控制的。有了朱元璋对西安非同寻常的重视，西安钟鼓楼的超标准兴建也就在情理之中了。

　　如今，西安钟楼内壁上仍然保留着一块明代的碑文，不过，上面明确标注着这座钟楼的修建时间却是明代万历十年。也就是说，今天我们看到的钟楼并不是朱元璋兴建的那座，而是继其两百年后修建的。那么，洪武年间的钟楼哪里去了呢？原来，西安钟楼初建时，原址在今西安大街广济街，与鼓楼东西对峙。在当时，这个地方与南北城门正对，是当之无愧的城中心。后来，西安古城不断扩建，这使得原本钟楼的位置开始偏西。于是，万历年间钟楼这才迁建。而且，如今悬挂在西安钟楼西北角上的铁钟，也并非洪武钟楼时使用的唐代景云钟，而是铸造于明代成化年间的大钟。

随后数百年世事变迁，古都西安的多少建筑都在战火中毁于无形，钟鼓楼却能侥幸避开劫难在一次次的修缮中得以保全，也见证着六百年来的历史沧桑。不管当初的洪武大帝朱元璋多么英武强悍，他也无法掌控历史的车轮；不管晨钟暮鼓的声音多么悠扬洪亮，也无法惊醒所有的后世子孙。六百年沧海桑田，钟鼓楼如一位智慧的老人，静观着云舒云卷、潮起潮落。一切都在改变，一切，却又未曾改变。

# 第四章
# 东方有蓬莱

# 蓬莱仙岛与蓬莱阁

"林声摵摵动秋风，共蹑丹梯上卧龙。路隔西陵三两水，门临南镇一千峰。"这是秦观《次韵公辟会蓬莱阁》中的诗句，也是蓬莱阁绝妙景致的真实写照。

在遥远的古代中国，一直流传着关于昆仑神话的传说。昆仑神话逐渐向东流传，人们将它与传说中的海上三仙山结合，蓬莱仙话传说也由此形成。

海上三仙山的传说发源于胶东半岛海域。早在战国时期，民间就盛传这片海域有仙山，仙山上有长生不老药。虽然这个传说在今天看来多少有些荒谬，但在当时，这个传说似乎显得格外真实，而且史书也对这个传说进行了多次记载。不仅如此，史书还详细描述了人们出海求仙的种种离奇遭遇，令人读着未免也开始心向往之。

那么，海上仙山传说到底是怎么来的呢？原来，战国时期的方士们确信海上仙山必定存在，于是，他们中的一些人就把寻仙看成了毕生的追求。《山海经》的确提供了海上仙山的有关信息，但是，仅凭这些信息，当时的方士就真的能找到海上仙山，以及传说中的长生不老药吗？答案显然是不可能的。可是，在渴望能够长生不老以及巨大好奇心的驱使下，当时不管是民间百姓，还是帝王将相，大家都开始狂热地求仙问药起来。

然而，当时的人们并不知道出海求仙隐藏的巨大危险，于是，很多人为此付出了生命代价，却从来没有人得到过长生。然而，这丝毫不影响人们对蓬莱仙岛的热情向往，而且这份热情一直持续了千余年。

令人惊奇的是，《史记》中记载的海上三仙山其中之一就有蓬莱，而《史记》和《汉书》都有过类似的记载。更令人惊讶的是，相传仙山在渤海之中，离人居住的陆地并不遥远，如今的蓬莱确实也地处渤海海峡，与史书的记载相去不远。更加不谋而合的是，在凸出海面的一座山崖上，有一处以仙山命名的古代建筑群，那便是"蓬莱阁"。

当地的地名以及这座建筑群，和远古时期的海上仙山传说，究竟有着怎样的联系呢？在这里，我们能否揭开海上仙山传说的秘密呢？一切还要从史书的相关记载着手研究。

据史书记载，蓬莱及其周边地区，从西周至春秋中期是一个名叫莱子国的小诸侯国。春秋时期莱子国发挥靠近大海的地理优势，开发海洋资源，大兴鱼盐之利，展现了很强的经济活力，成为周边诸国争夺的对象。

到了齐灵公十五年，齐国吞并了莱子国及胶东半岛其他小国，一下子实力大增，最终成为春秋战国时期的佼佼者。有趣的是，入海求仙的第一人便是齐国的君主——齐威王。

蓬莱仙境

战国中期，齐威王派遣方士入海求仙，其求仙活动主要在登州一带，也就是今天的蓬莱一带。可是，史书中并没有记载那些方士是否找到了传说中的仙药，也没有记载这些仙药究竟能不能让人长生不老。

那么，为什么古代帝王选择在这一带组织大规模的出海求仙活动，并使这一狂热行为从齐威王一直延续到秦皇汉武达数百年之久呢？这个问题萦绕在无数人心头，却又找不到合适的解释。而且，尽管这场探险活动没有结果，但史书却记载了前往仙岛途中遇到的状况，那就是当人快到达仙山时，仙山往往就会被风吹走。

渤海相比其他海域，地理范围并不算大，但是，方士们求仙为什么大多局限于今天的蓬莱一带呢？这是因为古代的世界并没有黄海、渤海、东海这些区分，人们会将大陆东边的海一律统称为东海。而仙山的名字也不尽相同，除了蓬莱之外，还有方丈、瀛洲等。

在最初的传说中，海上有五座仙山，每座由三只巨鳌背驮，五座仙山漂浮在海上，常随海波上下起伏，这个传说似乎说明了仙山的形态是随波漂浮的。在《说文解字》中，古人也对"仙"作了注解，即"人在山上，曰仙"。也就是说，得道成仙的人必须隐进深山长期修炼，方能达到老而不死，成为仙人。因此，随着仙的出现，海上仙人居住的仙山也就随之出现。用现代眼光来看蓬莱这片海域，的确星罗棋布地罗列着众多岛屿。或许，在那个时期的方士看来，这里就是神仙所居住的地方。只是与传说相比，这些岛屿却并不是随波漂浮罢了。

总之，出海求仙活动到秦汉时期达到了顶峰，据《史记·秦始皇本纪》记载，秦始皇时期，齐国人徐市上书，说海上又出现三座仙山，分别叫蓬莱、方丈、瀛洲，他请求秦始皇派遣一支求仙队伍，出海向仙人索求仙药。

徐市就是徐福，他是当时齐国著名的方士。面对徐福的请求，秦始皇欣然应允，于是，徐福率船队出海而去，但再也没有回来，他到底去了哪里人们也不得而知。就这样，海上仙山与徐福一起，成了美好的仙话传说，一直流传到了今天。

**南宋　赵伯驹　蓬莱仙馆图**

此图设色画屋宇、远山、溪水、奇石异木、各式陈设，宛似仙境，正如乾隆所题："参差仙馆类蓬瀛，临水依山风物清。可望不可即之处，画家别有寄深情。"

# 秦始皇与蓬莱之谜

　　秦始皇灭六国，开创了封建社会大一统的新局面。坐拥江山后，秦始皇对长生的渴望便更加强烈。然而，他终究没能等来仙人，他的方士们也没能给他带来生命的永恒。

　　根据《史记·封禅书》的相关记载，秦始皇东巡求仙未果在途中驾崩。但是，史书却并没有记载秦始皇到底有没有到过如今的蓬莱。彼时，蓬莱只是仙山的名称，而并非行政地名，但当地的人们确信秦始皇不仅来过蓬莱，而且还曾在丹崖山上眺望过海中仙山。

　　既然当时蓬莱并不是具体的地名，那么也就不会有专门的地方志来记载秦始皇眺望仙山的事迹了。如今，只有一代又一代的传说，称始皇帝曾在这里的丹崖山上寻找海上蓬莱仙山，并看到了仙山的轮廓，以及仙人们愉快生活的场景。

　　在民间，传说往往能发挥出巨大的力量。秦始皇出海求仙，对后世求仙活动高潮迭起产生了直接的推动作用。在丹崖山脚，我们仍旧可以看到这座宋代时期在登州古港上建立的蓬莱水城。每天早上，当地渔民都会从水城出发，入海捕鱼。其实，从今天的角度看，两千多年前的古代人似乎并不具备大规模出海航行的条件。但事实上，经过考古研究，人们发现，蓬莱原始文化遗址中有很多旧石器时代晚期的打制石器。这些石器证明了这里在万年以前就已经有人类居住了，而且，20世纪60年代当地渔民们还曾在蓬莱附近海域打捞出许多新石器时代的陶罐，这些陶器表面布满海生生物遗骸。由于器物保存完整，人们可以推测这些器物是当时人们在航海过程中坠入海底的产物。

　　而且，在蓬莱到辽东半岛之间的渤海海峡，人们时常能发现新石器时代的陶器，这就说明早在新石器时期，山东半岛到辽东半岛之间就有古代的原

**明 张居正 帝鉴图说·秦始皇遣使求仙**

公元前 219 年秦始皇东巡，在琅玡遇到大方士徐福，徐福上书言海中有三神山，秦始
皇遂遣其入海求仙人。

始舟船进行航海活动了。而且，原始先民们从四五千年前的新石器时期就已经能熟练运用航海技术，而且航海技术也已经比较发达了。

但是，相关史料中并未详细记载徐福所率船队的船只数量，只记载了船队载有三千名童男童女，以及上百名技工巧匠。而且，每船都配有一定数量的军士进行武装保护，以及旅途中所必需的粮食。由此，我们可以推知徐福东渡的船队规模应当是相当庞大的。

既然蓬莱是传说中的海上仙山，那它又为什么作为现实中的地名出现呢？蓬莱阁这座存在了近千年的古代建筑群，又是谁以怎样的方式建造的呢？这个答案显然已经越过了秦始皇，那么，我们就来了解一下另一个对求仙非常痴迷的皇帝——汉武帝为追寻蓬莱仙人所做的努力吧。

汉武帝时期的求仙活动，无论从规模还是数量上都超过了秦始皇。据《史记》和《汉书》记载，汉武帝海上寻仙活动约有八次，历时二十三年，而且每次都到达了登州。但是，汉武帝的求仙活动最终仍然以失败告终。

公元前104年，汉武帝第五次巡行海上。到达登州时，他命令在这里建造一座城，名为蓬莱，史书和志书都对这件事进行了记载。在汉武帝临死前两年，他幡然

**汉武帝像**

汉武帝刘彻是西汉第七位皇帝，是杰出的政治家、军事家、战略家、文学家。

醒悟，天底下怎么可能有长生不老的仙药呢？不过是些妖言惑众罢了。于是，他放弃了追求长生不老的求仙计划，也为从战国至秦汉持续数百年的求仙热潮画上了句号。虽然汉武帝为自己的求仙之路画上了句号，但他曾经在海边修起的那座蓬莱小城却被永远地保留了下来。

如今在蓬莱市走一走，人们也不禁抱有这样的疑问，《山海经》和《史记》中有关海中仙山的记载到底是怎么来的呢？为什么有这么多典籍对仙山进行了记载呢？而且，那时候许多出海求仙的方士们都甘愿冒着生命危险，那么，到底是什么让他们确信在虚无缥缈的海上，存在着如典籍上所描述的神山呢？难道，众人只凭借传说中仙山上有黄金白银搭起的宫阙，有长生不老之约，就不顾性命地前去探寻吗？答案似乎与那些飘忽的仙岛息息相关。

我们可以试想，假如汉武帝在蓬莱望海中仙山确有其事的话，那么和蓬莱相对的一些岛屿，是否就是《山海经》中所提到的神山呢？可是，在我们乘船从蓬莱前往和它相对的长山列岛的时候，就会发现这个设想显然不能够成立。

从蓬莱阁上远眺长山列岛，岛屿完全清晰地呈现在我们的视线范围之内，这么近的距离，结合当时的航海条件，可以预料到这些岛屿上应该有人类居住，至少渔民们也可以把它当作休憩或者避免海上风浪的港湾。而且，这个看法很快得到了当地考古资料的证实，长山列岛曾出土了近百座东周墓葬，而且历朝历代的遗存遗物都在这些岛屿上有所发现。

长山列岛海域出土的众多先秦时代的文物表明，早在先秦时代，这片海域上人类活动的遗迹就已经非常频繁了。那么，传说中的海中仙山究竟是怎么来的呢？难道仅仅是古人凭空想象的吗？要解答这个问题，我们还需要从一种特殊的自然现象说起。

## 蓬莱仙山与海市蜃楼

在现代，如果有一片海域突然弥漫一层淡淡的雾，并且出现一座从来没有见过的亭台楼阁，那么，人们一定会兴奋地拍照留念，并且互相通知"某地出现海市蜃楼了"。但是，如果这样的场景放在两千多年前，又会是怎样一番景象呢？

或许，很多方士都曾看到远处海面上弥漫的薄雾中出现的亭台楼阁、熙攘人群。但以当时人们的认知，这样的情景就是仙人仙境。而且，古代人们还将其贴切地记录为"神山现市"，可见当时人们认为海市蜃楼并不是人间景致，而是仙境的一种显像。

蓬莱是古代登州所在地，这一带海域素来就以海市蜃楼著称。根据现有的观测资料记载，自1980年以来，蓬莱北部海域发生了近四十次海市蜃楼。令人惊奇的是，仅在蓬莱阁附近，人们还能够清晰观测到海市蜃楼现象。难道蓬莱阁跟这一带海域有某种奇特的联系？不少人都对这个问题产生了强烈的好奇心。

早在西汉时期，人们就试图对这种现象做出解释。当时，有人以为这是海中大鲇鱼喷吐雾气，从而结成的楼台宫阙。可是，受到认知水平的限制，人们仍旧没能获得一个科学的答案，最后，只能充分发挥自己的想象，将海市蜃楼与神仙仙山联系在一起了。

诗人白居易在《长恨歌》中写道，"忽闻海上有仙山，山在虚无缥缈间"。可见，海上仙山与薄雾之中的海市蜃楼系同一种东西。这也难怪，古人在典籍中总是记载"神山可望不可即，处在漂浮中"了。

那么蓬莱阁这座古建筑群，是否因为此处是最好的海市蜃楼观测地而被选址建造的呢？要知道，它的选址也恰巧契合了秦皇汉武在此处登望海中仙山的历史往事。针对这个问题，专家学者们开始收集资料，最后，一位学者根据各种府志上的记载，得出了大约五百年以前，蓬莱当地的老百姓就知道蓬莱阁是观测海市最好的地方了。这个地方是现在的避风亭，也是原来的海市亭，而五百年以前，人们就已经知道海市蜃楼是一种光学现象了。

海市蜃楼的形成，就是光线在大气层中经过显著折射或全反射时，将别处的景物在此处得到显现的结果。这一现象产生需要一定的自然环境，对蓬莱海域来说，它恰好具备这样的因素。从最直观的观测来看，这一带海域地

清　袁耀　蓬莱仙境图

处渤海海峡，罗列着众多岛屿，而蓬莱位于山东半岛的最北端，对面就是胶东半岛。在渤海的位置上人们可以看到两个半岛通过夹势形成了一定的区域，并且在这个区域上可以造成陆路和海陆的"海上温差"。"海上温差"能让海面形成一定的空气层，而远处的光线经过不同密度的空气层会形成一定的全反射，这样就容易形成海市蜃楼了。

我们再看蓬莱地区，蓬莱地处渤海海峡南峡，其东北西三面分别与辽东半岛、冀津沿海和朝鲜半岛隔海相望。长山列岛横卧在海峡之间，它们提供了类型多样的反射景物。蓬莱春夏之交正是受西伯利亚冷气流影响较弱、太平洋暖湿气流影响未至的间隙时期。此时，风雨日少、光线充足，有利于海平面形成相对稳定规整的空气层。

渤海是我国第一大内海，这一地区沿海潮汐每半个月形成一个周期。海峡中涌动的海流将海底低温带出海面，从而显著改变了海面空气层的密度。

**明　冷谦　蓬莱仙弈图**
本幅传为冷谦所作，此画湖山静好，人物娴雅，有幽静出尘的仙境之美。

这片海域得天独厚的自然因素，为古人一度对此充满困惑的海市蜃楼做了充分的准备。不过，在持续数百年的求仙热潮中，却始终没人能够解开其中的谜团。

历史的车轮不断向前推移，到了宋、元以后，便已经有人开始意识到海市蜃楼是一种自然现象了。但是，出于对美好传说的向往，当时大多数人心中仍相信海市蜃楼里出现的亭台楼阁、山川河流是神仙居住的地方。只要去了那里，就可以求得长生不老的药方。

为了能够留住对仙境的向往，寄托各种美好愿望，唐代以后，当地的渔民就开始在丹崖山上建造庙宇。此后，经历宋元明清千百年来的扩建，一座关于仙境传说的建筑永驻人间——事实上，蓬莱阁建筑群的出现，正是以建筑的形式完成了世人心中对仙境永恒的寄托。从精神文化层面看，这种追求亦不失为古人的浪漫。

# 妈祖、道家与龙

在凸出海面的丹崖山上，有一处以传说中的海上仙山命名的建筑群——蓬莱阁。这座建筑群被世人称为"人间仙境"，也被人们称作"海域明珠"。

赵鹤曾在《登州蓬莱阁观东海》写下"蓬莱阁下晚凉开，倦客乘凉坐未回。不住鸟声冲雨过，有时龙起带潮来"的绝妙诗句，范成大也在《浙东参政寄示会稽蓬莱阁诗轴，次韵寄题》中写下"仙翁来佩玉符麟，绿发无霜照碧筠。永夜阑干千嶂月，清风挥尘七州春"的美好辞藻。透过历史迷雾，人们似乎仍然可以感受到那些隐藏在建筑背后的求仙往事。

两千年前，许多方士出现在这一带海域，他们正在寻找传说中的海上仙山。据说，仙山上有长生不老之药，只要吃下就可以免受轮回之苦。这股求仙热持续了数百年之久，从帝王到民间，人们付出了海量的时间，也付出了巨大的代价，然而，却从来没有人见到过仙人，也没有谁获得过长生。

始建于唐开元年间的三清殿位于蓬莱阁东侧，为道教庙宇。道教乐生，其所追求的最高理想就是今生的长生。所以，道士渴望得道成仙，而他们"得道"的方式，便是以人体为鼎炉，以精气为药物，使得精气神能够合一。为了调养精气神，道观常将建筑选建在山崖上，以利于在没有干扰的自然中修身养性。丹崖山正对的海面上常出现海市蜃楼，这在古代道教修炼者看来，这一带无疑是神仙聚居的地方。道士们渴望与神仙相遇，以求得长生不老的秘方，而三清殿供奉的是道教最高天神——三清。三清之一的元始天尊手拿红珠，寓意天地未形，万物未生的无极；灵宝道君手拿太极图，表示万物从无极演化出太极；太上老君手拿扇子，象征从太极衍生出天地两仪的太初时代。

可令人不解的是，作为供奉道教最高天神的三清殿，其规模却远不及天后宫等其他道教建筑，这是为什么呢？原来，三清确实是道教的最高神，但其庙宇却并不算大。而龙王宫、天后宫都是现世掌权者按照皇家的规格所建，前朝后寝都有两个大殿，这也难怪三清殿略显简薄了。

蓬莱阁的天后宫是我国北方较大的天后宫庙宇之一，它的建筑规模宏大、结构规整，按照前朝后寝的规格形成了一条完整的轴线。穿过天后宫显灵门是一座戏楼，每年正月十六，天后宫都会举办庙会，人们在戏楼演戏，向海神娘娘感恩并祈祷平安。戏楼两侧的巨石与山连体，当年劈山建阁特意留下来作为点缀。由此可见，建造者对这一处建筑十分用心。穿过垂花门是天后的寝宫，正中端坐的天后又称妈祖，我国北方称她为海神娘娘。

妈祖是海峡两岸、东南亚沿海华裔普遍信仰的海神，而蓬莱阁建筑群中

**清 佚名 妈祖奇迹图**
妈祖，以中国东南沿海为中心的海神信仰，是船工、海员、旅客、商人和渔民共同信奉的神祇。

不仅供奉了道教世界的最高天神，还供奉了海神娘娘等诸多神仙，可见，蓬莱阁承载了各行各业、各界人士的美好愿望。

那么，蓬莱阁作为沿海地区，其最大的特点是什么呢？答案就是拥有海港。蓬莱阁自古便是海港，而且是渔民们赖以生存的重要渔港。渔民们出海捕鱼，经常出没在风浪中。当安全得不到保障时，自然很容易把祸福安宁同神灵联系起来。

有关妈祖的记载起于北宋，妈祖的原型是宋朝初年都巡检林愿的女儿，名叫林默。她精通医理，行善济人，邻里乡亲常得到她的救助。林默去世后，乡邻们感激她的恩惠，便建立庙宇祭祀她。由于妈祖通晓天文气象、熟悉水性，且能够推测海上风雨，所以深得沿海渔民的爱戴。每逢出海打鱼，渔民们都要祭拜妈祖，祈求平安。

在蓬莱阁，妈祖被供奉在檀木阁子构成的屋内，供人敬仰朝拜。妈祖的身旁站四名侍女，通过檀木窗格和对妈祖形象的描绘，我们可知创建妈祖的人向人们暗示她是一位未出阁的女性。一般而言，在妈祖东西两侧会有由各地水神充当的站官，但这里与其他地方天后宫相比却极为特殊，这里是由四海龙王充当妈祖的站官。

据说，龙王能潜入海底，飞在天空，兴云布雨，由四海龙王充当妈祖的站官，也充分印证了古人屈服于惊涛骇浪、风雨雷电等自然现象，所以，他们迫切需要一个能够降服自然力的神灵。

从蓬莱沿海民俗看，每年的农历正月十三为渔灯节。这一天，渔民们都敲锣打鼓到海边为龙王送灯。龙王宫是蓬莱阁建筑群中最西端的一个单体建筑，这里供奉着东海龙王敖广。他们共同保佑民间的风调雨顺、船只安全。

当然，这个改变仅是因为民众的喜好。人们喜好的背后是妈祖作为人可以亲近的一面，这等同于让人性取代了龙王的神性。民间对待信仰喜乐活泼的态度，塑造了当地百姓乐天知命的人世观。而这种价值观念，也将在世俗生活中打下深刻的烙印。

# 蓬莱的"造神文化"

不管是道家三清也好，妈祖娘娘也好，四海龙王也罢，这些神仙不仅代表了人们对神仙世界的向往，也代表了蓬莱阁文化层面的包容。除了这三类神仙的道观庙宇外，蓬莱阁其实还有一座寺庙，它就是始建于唐代的弥陀寺。

弥陀寺是蓬莱阁建筑群中唯一的佛教建筑，这座寺庙里寺内供奉了阿弥陀佛。寺庙和周围的道教建筑和谐相处，在我国古代，儒释道经常被老百姓们混在一起信仰。

古代人民会根据自己的实际需求，到不同宗教里面去祈求、去希望实现自己的愿望。由此可见，我国古代民间会因为信仰而创造神仙，并建立宫观庙宇。在蓬莱一带的造神运动中，当属"八仙传说"最具代表性。

八仙代表了八个各具性格、不同身份、来自不同时代的人。八仙当中有的是风流倜傥的书生，有的是相貌丑陋的乞丐，有的是一贫如洗的歌者，还有的是皇亲国戚。那么，这处古建筑群是如何与传说建立联系，从而营造一个人间仙境的呢？我们可以从白云观中一窥端倪。

白云观将吕洞宾列为蓬莱派，早在明代，丹崖山上就建立了吕公亭。到了清代，这里又建起了吕祖殿。吕洞宾曾写诗道："独坐蓬莱观宇宙，抽剑眉间海上游。"作为八仙的核心人物，他与蓬莱关系密切，而蓬莱阁也逐渐成为传说中八仙相聚的地方。

相传，每年的三月十五，蓬莱阁上牡丹盛开，吸引各路神仙来这里聚会。人们常说神仙，其实仙和神有很大不同。传说中的仙是由人修炼得道而成，道教认为只要勤修炼，多行善事，就可以得道成仙。八仙作为我国古代的仙人群体，他们的形象和传说寄托了普通百姓对自由和美好生活的向往。很大程度上，蓬莱阁建筑群也是因为八仙传说而显得更具仙意。

　　2006 年 5 月，日本和歌山七仙祠主持远渡重洋，专门来蓬莱阁寻找日本七仙文化的源头。根据当地百姓传说，有七位仙人从中国的蓬莱漂洋过海，在和歌山登陆，而当地的和歌山城又被称作蓬莱城。所以，蓬莱阁对于他们来说，无疑就是神灵所居住的地方。到了蓬莱，七仙祠主持本着对七仙非常尊崇的念头，誓要找到七仙的源头。而这个结果，对于和歌山的人们来说也是非常令人向往的。不只是日本，在中国民间，八仙文化早已深入饮食起居的方方面面，而且八仙文化流传到世界各地，比如东南亚一带盛行的德教，就是以八仙作为主要信奉对象，每年都有大批信徒来蓬莱阁上寻祖朝拜。

　　那么，中国民间为什么会创造出如此实用的神，以至于吸引全国各地的信徒前来蓬莱寻祖参拜呢？原来，这与我国古代百姓们的"实用主义"息息相关。自古以来，我国古代百姓对待各种信仰有点实用主义，而这种实用主义的根源，一直能追溯到先秦时期的孔子身上。

八仙过海年画

我们都知道，我国古代盛行了千年的科举考试，而科举考试势必要研读孔孟之道。但是，孔子本人对待宗教信仰则是非常模糊的。比如孔子的弟子曾经问孔子，这个世界上到底有没有鬼神，我可不可以去祭拜。对于这个问题，孔子给出的答案是"祭神如神在"，意思是"你可以去祭拜鬼神，就当它是存在的吧"。而这种信仰方面的实用主义，无疑对建筑也产生了影响。

北宋嘉祐六年，登州郡守朱处约见丹崖山顶山高海阔，便将当时的龙王庙西迁，在丹崖山顶修建蓬莱阁供百姓游览。可见，我们的先祖对待宗教信仰一直是较为随性的：只要这个神仙能对我的愿望有帮助，我就可以供奉它。换言之，如果没有神仙能对我的愿望产生帮助，那我就自己创造一个神仙，并且请求它给予我帮助，这种现象在世界上任何一个国家都是很难见到的。

我们将目光拉回蓬莱阁。作为整个建筑群的主体，蓬莱阁是其中最高级的建筑，外观两层，屋顶为重檐歇山顶，赋以绿色琉璃瓦。该建筑在下层内部并未设登阁的楼梯，而是经过两厢登梯而上。因为蓬莱阁的出现，往后的增建过程都以它作为参照来布局，形成了附属建筑从不同角度去簇拥主体建筑的格局。

此处建筑虽然闻名遐迩，但并不都是雕梁画栋，其中最常见的还是应山建筑，多处建筑采用民俗的建筑形式，它们简洁胜于繁杂，高阁凌空与低矮建筑之间参差对照，使得建筑布局极具张力。

千百年来，经历代营造，蓬莱阁这处古建筑群逐渐成为宗教、民俗、园林建筑的结合体，它既有北方园林的粗犷大气，又有南方园林的婉约秀雅，而自然本真的建筑风格与整个园林相得益彰。绿树浓荫与山门洞开，形成一阴一阳的对比。通往各院落的园门连接了建筑群各个单体部分，它们既划分景区，又起到造景的功能，构成了多变的空间关系，这也展现出园林布局中借景手法的巧妙应用。

"不到蓬莱又几时，且搘筇杖看云移。等闲遇事成歌咏，人道新诗胜旧诗。"行走在古建筑群中，内心不禁多出了几分对神仙世界的向往。但看潮起潮落，薄雾蜃景，却又不禁感叹人世间繁华如梦，终究不忍离去。

**清 佚名 蟠桃八仙会图册** 此为 1907 年清末民初彩绘本手绘《蟠桃八仙会》绢。

# 第五章
# 寻踪天心阁

# 天心阁悬案

　　"楼高浑似踏虚空，四面云山屏障同。指点潭州好风景，万家烟雨画图中。"这是明代诗人俞仪的《天心阁眺望》。诗里的潭州，正是被滔滔湘水环抱的长沙古城。作为历史文化名城，"潭州"这个名字伴随了长沙数百年时光。早在南宋时期，这个名字就已沿用了一百五十一年，也正是那个时候，历史为这座清丽秀美的古城规划了未来的规模与格局。而俞仪的这首咏景诗，则被后世尊崇为长沙古城最完美的图画。

　　当然，唯一让现代人质疑的是，俞仪的心中为何会有"楼高浑似踏虚空"的感受。因为不管从规格，还是从高度来看，题目中的"天心阁"似乎都不足以让人产生"楼高浑似踏虚空"的感受。那么，这种感受究竟从何而来呢？是诗人自己的想象吗，还是他当时真的就站在这样一座高耸入云的建筑之巅呢？如果古代长沙城中，真有这样一座宏伟的天心阁，那么，这座天心阁又与今日的天心阁有什么区别呢？这座天心阁又隐藏在历史的哪个角落中呢？历史总是伴随着无数谜团，而若要解开关于天心阁的谜团，还要从八十年前的豪华公馆说起。

　　八十多年前，这里还是时任湖南省主席的何健的豪华公馆。当时，在这间会议室里有人曾经度过了一个不眠之夜——那次会议的时间并不长，因为议题只有八个字，"坚壁清野，焦土抗战"。与会的人谁也不了解当时蒋介石发布此项命令的真正含义。一直到 1938 年 11 月 12 日上午 9 点，蒋介石秘书室才发出正式指示。

　　省主席张治中在密电中详细道出了所谓"焦土抗战"原则的真实意图，那就是——"长沙如失陷，务将全城焚毁，望事先妥密准备，勿误。"张治中随即指示，由长沙警备司令酆悌负责全盘紧急筹备，省会警察局局长文仲孚和警备第二团团长徐昆担任放火总指挥。此外，他还做出了一个关键的决定，那就是将此次举火发信号的地点与焚城的首选目标合二为一，都定在了紧挨着城南浏阳门的一个名叫"天心阁"的地方。

1938 年 11 月 11 日，岳阳古城沦陷。很快，日军就要打到长沙来了。长沙当局就奉命制订焚城计划，而当时焚城计划是这样规定的，"以天心阁举火为号，全城放火队员对全城实行放火"。当时的焚城命令规定，天心阁点火要由警备司令部直接掌握，必须有警备司令酆悌的书面命令，但就是在南门外，几起意外失火事件刚刚发生之时，酆悌的一个部下打电话询问前线指挥所，急切地想要了解日军所在位置。可是，他却鬼使神差地将位于岳阳市的新墙河误听成长沙市北郊的新河。于是，他认定日军已经打到了长沙！

此时，酆悌向文仲孚与徐昆下达紧急命令，命令全城各警察分局按照计划开始放火。片刻之间，几百人的放火队伍就冲到了天心阁。在这里正式举火发号，紧接着全城大火骤起，只见烈焰呼啸、热浪灼人。千年古城长沙在瞬间被弥天火海吞噬。

当时，计划上明确提出了"天心阁举火为号"，但是，到了当日凌晨两点的时候，南门外的一处伤兵医院失火了。这处

天心阁实景图

**京剧《镇潭州》**

《镇潭州》讲的是南宋时杨家将后代杨再兴聚义九龙山，进犯潭州，岳飞奉命救援的故事。

伤兵医院的失火是无意之间的小事，但历史就是这么巧合而古怪。当夜狂躁不安的士兵们看到伤兵医院的火，便以为这火就是"天心阁举火为号"。于是，生怕误事的士兵们便在全城点起火来。天心阁被焚是在城南起火之后才发生的，那次事件以后，"火烧天心阁"便迅速成为民国时期的一大悬案。

按照当时的地图显示，天心阁的位置应该在浏阳门以南一公里处，如果今天我们打开地图，亦可以清楚地看到这个地方并没有像其他城楼一样，标注了城门的所在位置，同时也无法看到明显的箭楼或者炮台的标识。由此可见，这个地方并非是用来进出士兵的，也并非攻城略地的战略工事。那么，焚城计划的执行者们又有什么理由，把天心阁当作举火发信号的地点呢？在解答这个疑问之前，我们要先解答另一个疑问，那就是长沙在当时究竟有什么地理优势，能让蒋介石一方和日本侵略者都如此重视呢？

# 楼高浑似踏虚空

"登城楼而极目，最爱橘洲浮绿，岳麓送青，更添大厦摩空，长桥跨浪，清时多胜事，重新古阁壮星沙。"这是天心阁柱联的下联，其意为登上天心阁城楼，放眼望去，除了橘子洲和岳麓山的青山绿水，这里还增添了很多高楼大厦和跨江大桥。当代政治清明，百姓安居乐业，长沙古城与天心古阁定可重新兴盛。

其实，从三国时期，长沙古城就是南方非常重要的军事要处。从地理地貌看，长沙具有我国南方典型的丘陵地貌。从现代角度看，长沙城区的地势看似非常平坦。然而在古代的长沙城内，其地貌却是山峦起伏、沟壑纵横、池塘密布、湖泊星罗。彼时，在浏城桥一带，其地势由北向南逐渐隆起。"山脊似龙起舞，峰顶如首高耸"，其形状宛如一条巨龙卧伏。因此，古人又将此处称作"龙伏山"。

几乎所有的长沙人都认为，这里是最为吉祥的风水宝地。因为这个地方自古以来，就是长沙城东南角上最高的地势。天心阁的城墙是建在龙伏山山脊之上的，在此处建设楼阁，可以在长沙古城的最高位置眺望全城。

三国时期，佛教文化开始传入长沙。西晋初年，城西的岳麓山上建起了湖湘地区的第一座寺院——麓山寺。当时的龙伏山还处于长沙城近郊的荒野之中，随着佛道文化的飞速发展，各类大小寺庙在长沙相继出现。鉴于具备"祥瑞"与"近郊"这两个有利条件，龙伏山便自然而然地成为建立寺庙的绝佳之地。出于此等考量，人们便在龙伏山顶建起了一座天心阁，并把它作为寺庙祭祀用的附属建筑。

宋代以后，古城墙的格局已完全确立。这座古城南起城南路，北至湘春路，东枕龙伏山，西邻湘水。这时候，人们把龙伏山的山顶铲平，作为长沙城墙的顶面；又把东侧的山坡削平，作为墙壁。至于天心阁，则被人们挪建到了西侧的山坡之上。

到了明代初期，古城墙由土筑改为砖石结构，龙伏山的西面也不得不削为墙壁，因此天心阁最终被移建到了城墙之上。早在宋代时，天心阁这个位置便是古时的龙伏山，而建在古城墙上的天心阁正好是龙伏山巅卧龙的地方。所以，蒋介石一方为何将天心阁作为全城的举火为号的地方就很容易理解了——因为天心阁是长沙地势最高的地方，这里一举火全城都能见到。

根据相关史料记载，天心阁正式开始建设是在明代万历年间。当时，人们修建天心阁的目的是将其作为观星象的灵台。正所谓"巽龙入脊，文治之祥也"，在此处修建观测天象的灵台上应天心，是文运昌盛的祥瑞之兆。

也就是说，天心阁从一开始就注定了与生俱来的书卷气。然而，从明崇祯年间的清军入关战役到清朝中期的太平天国战役，再到天心阁最终毁于一场意外的大火，这里被历代兵家誉为"兵家必争之地"的观点始终没有改变。

因为天心阁始终处于城中的最高位置，其战略地位也是不容忽视的。那么，这座本来秀外慧中的江南园林建筑，究竟是如何躲过战火的侵袭，其背后又隐藏着怎样的军事秘密呢？这件事还要从天心阁所处的位置说起。

天心阁作为在长沙城南城垣之上的一个阁楼，它所处的位置也是比较特殊的。天心阁地势最高，所以，历朝历代的当权者都把它作为一个军事要塞和城防工事来器重。因此，无论是清朝初年也好，清朝末年也罢。天心阁城墙一带一直被驻军或者军警所管辖，在古代长沙城内，其房屋建筑多为低矮的木质结构，因此火灾时有发生。基于此，防火便成为天心阁治安管理的一项十分重要的内容。

由于天心阁地处古代长沙城内，其身为周边的最高位置，且视野内无障碍之物，因此历来是监视火警的最佳地点。根据光绪三年的《善化县志》第二十九卷记载，"天心阁在南城上，登高眺远，一省大关，凡省中回禄，闻钟声叩报，到处咸知"。天心阁和它下面的这一段城墙自古以来就是没有城门的，到今天为止，这里依旧保存着一个完整且完好的月城。还有一道与月城有类似功能的城墙，即瓮城。那么，月城与瓮城的功能是什么呢？

首先，月城和瓮城都是保护城墙的部分，而且，这两个地方都可以修建炮台，月城下方还建有炮眼，防守这一段城墙的军士就驻扎在瓮城里面。

根据 1943 年的《长沙纪实》一书介绍，太平天国运动兴起的时代，长沙被围，城内粮食极为紧缺，清朝的守将便在天心阁下开辟了一条十五里路长的通向城外的隧道。这条隧道能够越过敌人的防线，冒险从敌后运米粮进城。至今这条隧道的遗迹仍然存在于天心阁下方。当时，长沙将其俗称为"引门"，因为这在当时属于军事秘密，所以人们并没有发现关于这个"引门"的史料记录，直到 1933 年邹欠白所著的《长沙市指南》里，对这个"引门"才有了一个极简单的记载。

# 天心阁与军事秘密

天心阁下有密道，这几乎是每一个老长沙都知道的"秘密"。可是，关于这条神秘隧道的来源，却没有几个人能说得清。

"天心阁其下有蛰穴，闻可通城中之皇仓街，为战争急危时之避险暗径，今湮塞久矣。"这是 1933 年邹欠白所著的《长沙市指南》中，关于这条秘密隧道的相关记载。从此文中，我们可以窥见天心阁下的暗道入口处先是有一个较大空间的厅室，然后才是一条暗道，这条暗道直通城内的皇仓街。

那时的皇仓街在南阳街以西，樊城堤与三泰街以东，距离天心阁还有一段很长的路程。这条隧道也是当时唯一一条从天心阁瓮城通往城内的密道。那么，皇仓街到底是个什么地方呢？它究竟是一个方便士兵撤离用的军营，还是一个对于战争来说有着更为关键作用的军事设施呢？这些谜团一直吸引着人们的目光。

当时，这个密道是通往旧时的皇仓街，而这个皇仓街的具体位置则是在长沙的五一广场附近。从结果上看，这条神秘隧道在当时的作用主要有三个，第一个是方便皇仓街储备军需物资，比方说粮草、炮弹等；第二个是在战败的时候方便月城内的士兵往城中心位置疏散；第三个则是保障皇仓街的安全。从天心阁到皇仓街约有六里路的距离，长沙城地下的土质松软，容易坍塌，而且有丰富的地下水资源。在当时的技术条件下，要完成这项地道工程并非易事。

据说，当时人们采用的方法是使用大青砖垒砌地道内壁，顶面向上凸成弧形，地下开挖一条排水暗沟，将水引入深潭暗壕。同时，每隔一米左右就设一个秘密通风口。古往今来，粮食一直是战备的首要物资。在特殊情况下，保证粮食的充足供应甚至能成为取得战争胜利的决定因素。

我们可以试着想象一下这样的场景：在一个月黑风高的夜晚，敌军从某一个城门进入长沙城内。此时，守护在东南一线城墙上的守军就可通过天心阁下的暗道迅速秘密地撤回到皇仓街，实行保卫粮仓的战斗。从这个角度看，这条神秘隧道就是非常必要的了。

不过，天心阁主要是在清代以后才具备军事功能的，尤其是太平军攻打长沙的时候，他们就是从城南门到天心阁一带发起攻势的，而清军的守备也主要在城南至天心阁这一带的城墙之上。所以，它主要的战事是发生在太平军攻打长沙的时间。

然而，自从第一次世界大战打响以来，战争的形式就已经完全改变了。彼时，各种现代高科技武器的竞争成为战争成败的关键，在海陆空立体式战争的背景下，许多古有的城墙和炮台都失去了昔日的作用。而且，自从那场乌龙大火发生以后，天心阁就在古城的版图上消失了近五十年。可见，这时候的它已经失去了往日的军事作用。

此时，新的问题又出现了——既然存在的意义已经失去，那么，为什么还会有人在四五十年之后又将它重新搬回到历史舞台呢？对于长沙古城而言，天心阁的真正价值到底在哪里呢？要知道，新中国成立初期百废待兴，长沙古城连沟区道路都是破烂不堪的。那时候不修路、不修桥，却跑去修建天心阁，这是一件本末倒置的事情。可是，对修建天心阁这件事，长沙古城的百姓们却是拥护的。于是，在 20 世纪 80 年代左右，天心阁被列入了重修计划中。等待天心阁的不仅是更加牢固的装置，而且还有新时代赋予它的文化意义。

在追寻天心阁建设发展的脉络时，我们从中可以或明或暗地感悟到长沙古城的变迁。根据史料记载，长沙古城始筑于西汉高祖五年，也就是公元前202年。当时的城墙还未达到今天的天心阁处。之后，此处城墙经由各代陆续扩建，到了宋代，城墙便已经基本确定为今天的位置。

然而，天心阁的历史在现代人眼里仍然是扑朔迷离，因为许多历史学家和专业学者在考察原来的古城版图时，竟然发现在同一个时期曾经出现过两个天心阁！也就是说，天心阁其实有两个前身。天心阁的两个前身分别为文昌阁和大星阁，这两个阁究竟有什么关系呢？它们又各自代表了什么呢？让我们继续往下追溯。

# 文昌阁与天星阁

如果提到天心阁，那喜欢历史与建筑的朋友一定不会陌生。可是如果提到文昌阁和天星阁，想必人们就会产生疑问了。其实，文昌阁与天星阁是俊美瑰丽的天心阁的两个前身。文昌阁建在清代前期，其建在今日天心阁的位置，而原来的天心阁，则是建在东边。

文昌阁这个名字，源于古人对于天上文昌星的崇拜。文昌星就是我们现在所说的文曲星，隋代以后，我国古代的科举制度由形成走向兴盛，许多文人士子都把求功名入仕途，作为毕生的最高奋斗目标。

那时，朝廷把掌管官吏禄籍、科举功名的尚书省称为文昌府，中国人素有天人合一的理念，认为既然人间有掌管禄籍功名的官吏，那么天上一定也有掌管禄籍功名的神仙。于是，人们利用星象学，将天上某一星座命名为文昌星，并明确其为主持文运科名的星宿，与人间朝廷的文昌府完全对应。

在古代，凡是文教比较发达的地方或者有书院的地方都有文昌阁，在当时的长沙，文昌阁也远不止这一座。比如岳麓书院、长沙府学宫、善化县学宫、长沙县学宫等，都有文昌阁的存在。自古以来，长沙就有"潇湘居士"之称，是文教比较发达的地方。所以，长沙人民祭祀文昌帝君的风俗也比较普遍。不过，在长沙城的几座文昌阁中，最著名的就属天心阁这一座，它祭祀的对象就是天上的文昌帝君。

春秋晚期开始，长沙便接受楚人的宗教文化，古人崇拜神灵的精神信仰也逐渐成为支配自身日常生活的准则。于是，"以阁为神"就很自然地成为古长沙人的生活习俗。由于天心阁位置高，这里便成为理想的祭祀天神之地。古人认为天有主宰，人间一切事物的无穷力量都来自上天。而星为天物，祭星神便可以得福。由此看来，在古人心目中的天星便是指星神，它同时也表明了天心阁最初的价值在于文化而并非军事。

在天心阁，人们曾发现一块刻有城南书院字样的碑文，这是重建天心阁后的第一大考古发现。城南书院这个名称在宋代就已经有了，南宋时期，抗金名将张俊被贬到长沙，他所在的位置就在长沙城的南边。他在此处建了一处房屋，在此生活、读书，这处房屋便被称作城南书院。

不过，根据学者的研究，宋代时候的城南书院可能只是张俊的私家书院，历史上正式的城南书院还是在清朝乾隆年间才出现的。当时上任不久的巡抚杨锡绂为了考察当时长沙的文教事业，专程到岳麓书院视察学子的考试情况，可他却发现前来参考者寥寥无几。问其缘由，杨锡绂才得知河东城内的学生与岳麓书院之间隔着湘江，怕遇风浪不敢前来。于是，杨锡绂决定将岳麓书院还没毕业的学生全部迁移到湘江东岸的城内就读。恰巧，他发现在天心阁下有一所废弃的都司衙门，于是，他便将此处改建成了书院。

因为这里地势高耸，遥望岳麓山如在眼前，方位也在城南，因此人们又将它称为城南书院，并从妙高峰处寻得原来宋代城南书院的旧阁石刻放在门口，意在希望与岳麓书院再续旧缘。正是由于这块石碑的出土，才使得天心阁的文化内涵实现了实质性的飞跃。天心阁的存在，再也不是过去简单的祭祀学神，而是被史学家们迅速认定为湖湘文化脉络中最为重要的标志性建筑。

1745 年，天心阁的名称还是文昌阁。当时，古代书院办学有一个规制，那就是文庙孔庙、文昌帝君和魁星楼作为书院祭祀的场所必不可少。当时，文昌阁供奉着文昌帝君，所以天心阁的前身文昌阁就成了城南书院祭祀的场所。1822 年，因为天心阁地处闹市，比较喧嚣，不利于学子的静修，所以又回迁到南宋时期张栻创办的妙高峰下城南书院的原址上了。

一座城市，总有一些独特的文化符号。天心阁对于长沙城而言，无疑是历史的重要印记。乾隆四十二年（1777 年），城南书院开始重修天心阁。曾任四库全书总阅官的湖南学政李汪度为它作记，使得当时的天心阁声名大噪。李汪度在重修记中记载，新任的湖南巡抚既修了河西的岳麓讲堂，又修复了城南书院。

城南书院附属于天心阁后，因祭祀文昌帝君使长沙成为求学者向往的尊儒重教之乡，况且天心阁高耸于龙伏山巅的城墙之上，俨然上天焕发耀眼之光的文昌星宿一般直耸高天。此时，天心阁就代表了民意，而民意就是天心。

唐 李邕 麓山寺碑
（仅拓李邕落款部分）
民国拓本

第六章
阅江幻境

# 梦中楼阁

> 京城之西北有狮子山，自卢龙蜿蜒而来。长江如虹贯，蟠绕其下。上以其地雄胜，诏建楼于巅，与民同游观之乐。遂锡嘉名为"阅江"云。登览之顷，万象森列，千载之秘，一旦轩露。岂非天造地设，以俟大一统之君，而开千万世之伟观者欤？

这是大明"开国文臣之首"宋濂所写《阅江楼记》中的片段，在这一片段中，宋濂清楚地说明了阅江楼因何而兴建和皇帝登楼之后的所见所思。按宋濂的描述，阅江楼上景色极佳，登临远眺更会令人产生无限遐思。不过，在过去的六百多年中，却从未有人见识过这座楼的真实容貌。

1374年，南京城西北的狮子山迎来了它的新主人，这个人就是明朝的开国皇帝朱元璋。狮子山原名卢龙山，地处南京城西北，地势险要，奔腾的长江水自西南方向流经此处后折向东流，自古以来便是军事要塞、江防重地。

1359年，元末起义军首领陈友谅自封汉王，并率兵40万进攻金陵（即南京）。当时驻扎在金陵的朱元璋只有几万人马，根本无法与陈友谅正面对抗。双方力量差距悬殊，朱元璋很是发愁，恰巧这时，一个名叫康茂才的人引起了朱元璋的注意。

康茂才，字寿卿，蕲州（今湖北蕲春）人，元朝末年曾聚兵保护乡里，被元朝廷封为长官。与朱元璋交战数次，几无胜绩，遂投降朱元璋，成为朱元璋麾下的一员大将。在未投降朱元璋前，康茂才与陈友谅交情颇深，朱元璋正是抓住了这一点，将陈友谅引入了自己的陷阱之中。

朱元璋让康茂才以自己的名义给陈友谅写一封信，称自己听闻陈友谅要进攻金陵后很高兴，愿意为他做内应，帮助他一同消灭朱元璋。此外，康茂才还派使者对陈友谅说自己镇守江东木桥，让陈友谅从这里发起进攻，但在使者返回后，康茂才很快便把江东木桥改造成了江东石桥。

陈友谅率水军来到江东桥，发现木桥变成石桥后，知道自己已经中计，便迅速带兵退至卢龙山。没想到，当陈友谅退到卢龙山时，明军伏兵四起，一时间，陈友谅的军队阵形大乱。最终有 10 万余陈军战死，5 万多人被俘虏，无数军械被缴获，陈友谅只得带着残部落荒而逃。

卢龙山一战，朱元璋大获全胜，也正是这一战让朱元璋从元末群雄中一跃成为群雄之首。这之后，朱元璋在鄱阳湖之战中彻底击败陈友谅，消灭了自己称帝路上的一大障碍；在平江之战中消灭张士诚，将整个江南地区纳入自己的势力范围。在一番南征北战之后，朱元璋于 1368 年顺利登上了皇帝宝座。

朱元璋的称帝之路走得颇为传奇，出身贫穷的朱元璋当过放牛娃，出门要过饭，一度还出家为僧，成为农民起义军的领袖后又经过数十年的征战，才最终登上皇位，创立了大明王朝。

站在曾经的战场上，面对眼前奔腾不息的长江水，朱元璋突然发现脚下的这座山，与其说像一条高耸入云的巨龙，倒更像是一头蹲着的狮子，于是他将卢龙山改

白马公园内明功臣康茂才墓石刻

清 吕抚 廿一史通俗演义

此图绘明太祖朱元璋在鄱阳消灭陈友谅的情景。

名为狮子山，并且下诏要在此兴建一座阅江楼。

对于即将动工兴建的阅江楼，朱元璋表现出了超乎寻常的热情，他不仅亲自参与了选址，还迫不及待地写了一篇《阅江楼记》，其中"碧瓦朱楹，檐牙摩空而入雾，朱帘风飞而霞卷，彤扉开而彩盈"一句，更是描绘出了朱元璋心目中的阅江楼。

大明的一切正在自己的掌控之中，此时的朱元璋心情舒畅到了极点。他不仅自己为即将兴建的阅江楼作记，还要求手下的文臣每人也要作一篇记，宋濂的《阅江楼记》便是在这样的背景下写就的。

不过，正当朝廷上下为阅江楼的兴建做准备时，朱元璋的心中却隐隐掠过一丝不安，他想知道自己这样做究竟是对还是不对。于是在1374年二月，朱元璋写了一篇《又阅江楼记》，要求停建阅江楼。自此之后，阅江楼便就此停工，并未兴建，不过在一张明朝绘制的南京城市图上却清楚地标注着阅江楼就位于狮子山附近。这不禁让人感到疑惑，一座未建的楼为何会出现在地图上呢？

细读朱元璋的《又阅江楼记》，可以发现其中有"即日惶惧乃罢其工"的字句，如此看来只能有一种解释，当时阅江楼的兴建确已成为朝廷的一件大事，但由于种种原因，建楼的计划最终夭折。六百多年的风雨沧桑，阅江楼仿佛成了一个遥远的记忆，消失在历史的尘埃中，后人只能从有限的文、诗、画中，去寻找关于它的点滴记忆。

# 废财惜民

大明皇帝兴致勃勃要修建的这座阅江楼，为何会变成一座空中楼阁呢？究竟是什么原因让他在短短十天中做出了完全不同的决定呢？对于这些问题，明礼部侍郎吕楠在《游卢龙山记略》中写道："皇族欲建阅江楼于此，惜其废财而止。"明代文学家王世贞在《登卢龙山在观后云晋中宗所名》中也写下了

"欲问阅江楼记处，露台元自惜民艰"这样的诗句。

废财、惜民……这些文字为阅江楼的停建给出了合理理由，即以勤俭治国的朱元璋因为当时朝廷财政紧张，所以停下了阅江楼的建设。

1374年，大明王朝刚刚建国七年，百废待兴，虽然已经顺利管控住中原、江南这一广大而富饶的土地，但北部蒙古各部的南下骚扰，南部沿海地区的倭寇侵扰，都对大明王朝的政权稳定造成了较大影响。在这种情况下，朱元璋必须集中精力提升自己的军事力量，于是从洪武二年开始，为巩固北方边防，朱元璋下令修筑长城。

明　佚名　明太祖老年像

可以想见，在这一时期明朝的大量财政收入都被用在了军事方面，所以因经费不足而停建阅江楼是很有可能的。不过，即使是一时因经费不足而停建阅江楼，但在朱元璋主政大明王朝这段时间内，并不是一直都存在经费不足的问题，那为何在经费宽裕之时，朱元璋也没有再建阅江楼呢？

关于这一问题，朱元璋在《又阅江楼记》中有所提及，他称自己有更为紧要的事情要做，这件事是有别于巩固国防军事的事，是什么事呢？他要全身心投入都城建设工作中，在哪里定都的问题，一直以

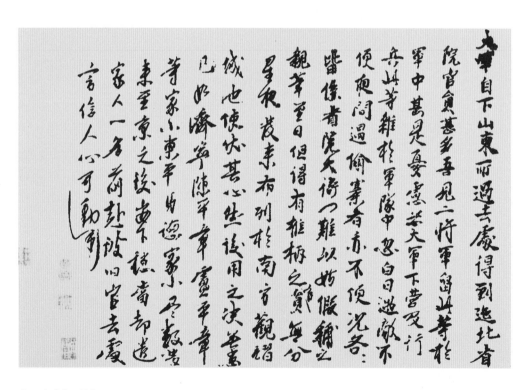

朱元璋《阅江楼记》

朱元璋《大军帖》

朱元璋已消灭陈友谅、张士诚等势力，大军所过之处，收降元朝官员甚多。朱氏就如何妥善处置这些官员写信告谕部下。

来都是朱元璋的头等大事。

早在 1369 年，朱元璋便下令仿照南京的建制，在临濠府也就是现在的凤阳建造中都，朝中百官除了刘伯温一人外，几乎都很赞成朱元璋的这一举措。为何朱元璋要在凤阳建造中都呢？因为这里是他的老家。为何朝中大臣除刘伯温外，都很赞成朱元璋的这一举措呢？因为很多大臣都是从这里走出来，跟随朱元璋一起打天下的。那为何刘伯温要反对朱元璋的建都举措呢？因为经过刘伯温的勘察，凤阳的地理位置并不好，四面又没有险峻的军事防御屏障，一旦发生战争，很容易被攻破，所以并不适合建都。

清 顾见龙 刘伯温像

元末明初军事家、政治家、文学家，明朝开国元勋，"明初诗文三大家"之一。

刘伯温的分析很客观，但朱元璋却并不这么认为，他认为"（凤阳）前江后淮，以险可恃，以水可漕"。凤阳既可以利用河水进行防守，又能用水运优势聚集人力、财力，作为国都是非常合适的。1375 年二月，朱元璋兴致勃勃地来到凤阳巡视中都的修建情况。经过六年的修建，凤阳已经成为大明王朝最大的城市，这里"有里外三道城垣，三城相套，布局奢侈宏阔"。看着这座新都城，朱元璋大喜过望，什么无险可守，什么风水不佳，现在这座固若金汤、人口繁盛的都城，正是朱元璋心中的理想国都。不过，当朱元璋正式住进这里的宫殿后，奇怪的事情发生了。

原来，朱元璋在住进凤阳的宫殿后，总是能听到一阵阵怪声，史书中称此声"若有人持兵斗殿脊者"。这让朱元璋甚是慌张，刚修建好的宫殿怎会有如此怪事？太师李善长给出了自己的解答——"诸工匠有厌镇法"，这肯定是工匠们在宫殿中埋入了木人、纸马等物，想要诅咒皇帝。

听完李善长的解释，朱元璋勃然大怒，下令诛杀参与修建宫殿的工匠们。

一千多名工匠被诛杀，朱元璋也渐渐冷静下来，他发现修建中都凤阳确实耗费了不少民力，而这里恶劣的交通环境，也进一步加重了百姓的负担。那些从江南迁徙到凤阳的百姓，根本无法适应当地生活，这里贫瘠的土地也无法养活更多的人口。

除了这些客观因素外，朱元璋还在反思建都时诸位大臣的表现。大明王朝的文武百官有百分之九十都出自凤阳，如果真的把凤阳作为国都，那满朝文武便会形成庞大的"凤阳帮"，这种盘根错节的关系凝结在一起，将会成为朱氏江山的最大隐患，大明皇权很可能会有旁落风险。这时的朱元璋已然吓出一身冷汗，他不愿再去细想，便决定停建中都凤阳。

很快，刘伯温便为朱元璋在南京挑选了一处建立皇宫的风水宝地，这里前有燕雀湖，背靠紫金山，从风水学角度来说，帝王之气十足，是建造新皇宫的绝佳地点。朱元璋采纳了刘伯温的建议，开始在这里营建新皇宫。不过，

阅江楼

由于新皇宫的内庭部分是在被填平的燕雀湖上所建，虽然采用了多种办法来加固地基，但在宫殿建成后，依然出现了地基下沉问题，这使本就不那么愿意将国都建在南京的朱元璋更加郁闷。

1391 年，朱元璋还是按捺不住迁都的念头，派太子朱标到陕西西安进行考察。西安坐镇关中，雄踞西南，辐射岭南与中原，自古便是立国建都的理想地区。关中肥沃的土壤、丰富的资源，更是其他地区所无法比拟的。相比于凤阳，这里显然是更加合适的建都位置。

不过，这一切的有利条件都随着太子朱标之死化为乌有。1392 年，从陕西视察归来的朱标身染风寒病逝，此时的朱元璋已经 65 岁，丧子之痛让他心力交瘁，迁都的念头也就此打消。

既然无法确定在哪里建都，那阅江楼自然也要随之停建。这种说法看似站得住脚，但其实并不能自圆其说。朱元璋在《阅江楼记》中明确提到过建造阅江楼是为了借助狮子山地势险要、视野开阔的优势来观察敌情，所以在狮子山上建造阅江楼应该是已经确定好的事情。而且，阅江楼的建造规模显然不能与建造新皇宫相提并论，哪怕只抽调出建造新皇宫十分之一，甚至是千分之一的力量，都能完成阅江楼的建造。如此来看，除了废财惜民外，朱元璋停建阅江楼应该有更为重要的原因，那这个重要的原因究竟是什么呢？

# 上天垂象

1374 年二月初一，大明王朝发生了一件惊人的事情，悬挂于高空的太阳竟然出现了一个缺口，而且这个缺口还在随着时间的推移变得越来越大，最后整个太阳竟然都消失了。尽管没过多长时间太阳便重新出现，但这一景象却久久萦绕在朱元璋的心头，成了朱元璋心中挥之不去的梦魇，让他十分不安。

在中国古代，帝王常以太阳自比，夏桀便有"天之有日，犹吾之有民。

### 明 仇英 南都繁会图卷

此图因真实地反映了明朝旧都南京市井情形，一直享有"南京本土的《清明上河图》"之盛誉。画面从右至左，在南都皇宫前结束，为后世研究明代时的南京提供了丰富的历史信息。

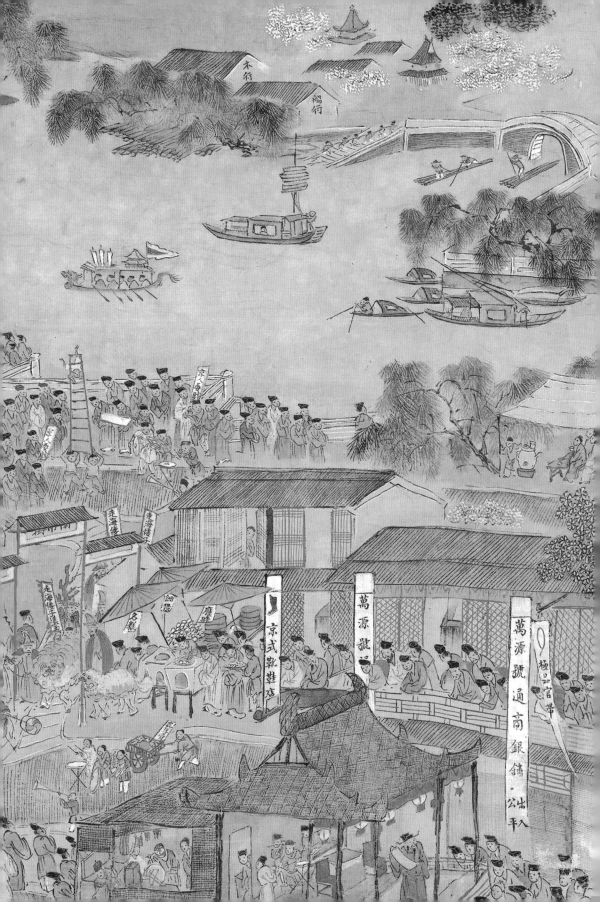

明　仇英　南都繁会图卷（局部）

日有亡哉？日亡吾亦亡矣"的名言传世，朱元璋自然也知道天子便是太阳，日食这种"太阳消失"的现象出现，自然不是什么好事。其实，除了日食现象外，大明王朝的太阳还出现过其他异变。

> 洪武二年十二月甲子，日中有黑子。三年九月戊戌，十月丁巳，十一月甲辰，四年三月戊戌，五月壬子至辛巳，九月戊寅，五年正月庚戌，二月丁未，五月甲子，七月辛未，六年十一月戊戌朔，七年二月庚戌至甲寅，八年二月辛亥，九月癸未，十二月癸丑，十四年二月壬午至乙酉，十五年闰二月丙戌，十二月辛巳，并如之。

这是《明史》中对太阳黑子的记载，在上述时间中，大明王朝的太阳都出现了黑色的斑点。太阳的各种变化都被视为与君主的品行有关，并且预示吉凶，日食乃无道之君的征兆，而太阳黑子则是臣废其主的征兆。

刚刚执掌大明权柄的朱元璋让这些天象搞得终日惶恐不安，他认为上天是在对自己暗示着什么，他一定做错了什么事情。经过一番深思熟虑之后，朱元璋认为是自己建造阅江楼的举动触犯了神灵，所以上天才会如此频繁地发出警示。为此，他要"罢不急之物"，也就是要赶紧停下那些不太紧要的事情。

其实，查阅《明实录》和《国榷》可以发现，在异常天象出现的时期，苏南、镇江和江苏一带发生了灾荒，修建各类工程也耗费了不少人力、物力。于是，朱元璋为了向天下人表示自己不是昏君，而是一个有道之君，便决定停建阅江楼。

上天垂象，乃罢其功，在今天看来似乎有些荒唐，但对于掌握大明皇权，并希望自己的皇位可以传承千代万代的封建帝王来说，这就是最好的理由。从一介平民到一国之君这一成长过程中，朱元璋时刻都在审视着自己的言行，他不会因为自己一时的喜好，而毁掉自己辛苦筑起的大明王朝的根基。因此，以这样的理由停建阅江楼，是很有可能的。

虽然朱元璋没有亲手建起阅江楼，但在六百年后，一座崭新的阅江楼却矗立在了狮子山的山顶。1997 年，南京市人民政府正式批准建造阅江楼。1999 年 2 月，阅江楼开工建设。相比中国古代的其他名楼，阅江楼是一个例外，它虽成形于先人之手，却由后人建造，没有先例可循，也没有旧楼作参照，这种只存在于想象中的楼阁，让建造者们拥有了更大的设计空间。

现在的阅江楼主要分为主楼和副楼，中间以一条走廊相连接。一般楼体的平面多为四方形，而阅江楼却在主楼东面和南面各增加了一块突出的部分，形成了两个方向上的凸字形。也正因如此，从外部来看，整个阅江楼呈现出格外复杂的造型特征，不规则的外形形成了众多屋角，层层叠叠，处处都彰显着一种皇家气派。

我们没有办法将历史一一真实地还原，就像我们不可能回到明朝一样，但是可以肯定的是，如今屹立在狮子山头的阅江楼，无论其规模还是建筑形制，已然完全超出当年朱元璋的想象。站在阅江楼上凭栏远眺，浩浩荡荡的长江水一路东去，背江而望，辽阔的金陵全景尽收眼底，这就是天地有意造就的美景，以等待一统海内的明君，来展现千秋万世的奇观啊！

第七章
烟云风雨鹳雀楼

# 鹳雀楼古今大观

"白日依山尽，黄河入海流。欲穷千里目，更上一层楼。"这是王之涣的《登鹳雀楼》诗句，也是鹳雀楼秀美景致的最好写照。有趣的是，这首脍炙人口的《登鹳雀楼》不仅中国的小学生人人都能吟诵，而且还早已传播海外，成为日本汉语课本精选的五首唐诗。可见，这首诗歌的艺术魅力早已穿越历史、穿越疆界，不分民族和国家，被越来越多的海内外人士所喜爱。

正所谓"诗因楼而作，楼因诗闻名"，鹳雀楼也因为有幸迎来诗情才子王之涣的登高吟唱，而在盛唐众多的楼宇中变得卓然不群。

如今的鹳雀楼耸立于山西永济市黄河边，鹳雀楼高台重檐，气势恢宏，早在盛唐时期就成为人们寄托情怀的绝佳场所。而一首大气磅礴的《登鹳雀楼》，更是让鹳雀楼成为中国四大历史名楼之一。

从今人角度看，鹳雀楼是一座四檐三层高台式层楼，它采用了钢筋混凝土结构建造，是我国目前最大的仿唐建筑，十分雄伟壮观。鹳雀楼楼体总高73.9米，从外面看，鹳雀楼楼体的三层结构清晰可见。然而进入楼内时，人们就会不经意地发现这座高楼竟然暗藏九层，且每层都有宽敞的回廊。

今天的鹳雀楼，试图以雄伟的姿态恢复人们记忆中那古老的形象。但今楼非古楼，王之涣登临的那座鹳雀楼早已不复存在。不过，古鹳雀楼所承载的历史和人文精神，却将随着鹳雀楼的身影永远定格在后人的心目中。

那么，古鹳雀楼的位置在哪里？王之涣登临的鹳雀楼到底是什么样子呢？它是什么人，出于何种目的而建造的？又是什么原因让这千古名楼消失在历史的风烟之中呢？这些问题的答案还要从一位日本摄影师的照片说起。

距王之涣所处年代的一千多年后的某天，一位日本摄影师在山西史志专家全毅的带领下，来到永济市蒲州古城的西南边，神情痴注地看着一个破旧不堪的古城废墟。接着，他好像发现了什么似的，开始不断地按动着照相机的快门。日本摄影师所痴迷的地方，其实就是史料记载的古鹳雀楼遗址之所在。

晚唐著名文人李瀚所著的《河中鹳雀楼集序》曾提到："宇文护镇河外之地，筑为层楼。"这句话是什么意思呢？根据推测，应该是说古鹳雀楼的位置在河的岸边。但是，从清朝《蒲州府志》的相关记载看，古鹳雀楼是蒲州城西河洲渚上，也就是说，古鹳雀楼并非在岸边，而是在河中心的一个沙丘上。

为什么关于古鹳雀楼的记载不一样呢？原来，这跟黄河古道的不断变迁有关。比如在唐代，鹳雀楼确实就是在河的岸边。到了清代，随着黄河古道迁移，古鹳雀楼就到洲渚上了。那么，《蒲州府志》中的蒲州又是哪里呢？它其实是在今天的永济。永济古称蒲坂，北周时期，蒲坂改称蒲州，它位于秦、晋、豫三省交会区域，是中华民族发祥地的核心地带。司马迁在《史记》中称这里为"天下之中"，可以说，这里的一砖一瓦都向世人昭示了悠久的历史文明。

那么，植根在蒲州这片古老土地上的古鹳雀楼究竟是什么样子的呢？我们可以从唐代诗人的一些诗作中一窥端倪。

> 迥临飞鸟上，高出尘世间。
> 天势围平野，河流入断山。

这是唐代诗人畅诸写的《登鹳雀楼》。

> 鹳雀楼西百尺樯，汀洲云树共茫茫。
> 汉家箫鼓空流水，魏国山河半夕阳。
> 事去千年犹恨速，愁来一日即为长。
> 风烟并起思归望，远目非春亦自伤。

这是唐朝另外一位著名诗人李益写的《同崔邠登鹳雀楼》。

这两首诗和王之涣的《登鹳雀楼》共同为今人描述了鹳雀楼的气势和四周的景象。然而，遗憾的是，这些诗作对鹳雀楼的具体样貌却没有描写。不过，好在北宋的科学家沈括在其作品《梦溪笔谈》里讲到了鹳雀楼。

沈括称，"河中（府）鹳雀楼三层，前瞻中条，下瞰大河，唐代留诗者甚多，唯李益、王之涣、畅当三首能状其观。"这句直接描写了鹳雀楼是三层的建筑，也为后人仿唐建造鹳雀楼提供了重要依据。

到了清乾隆年间，蒲州地方志里留下了一幅简要的白描图画，并附有简短的文字。

这幅图画记载了鹳雀楼的真实状貌——它是一座宏伟秀丽、结构复杂的中国古典建筑。原楼高约十丈（约三十米），楼为三层四檐，平面呈方形，歇山顶，矗立在一个高大的石砌台基之上。原楼各层都有围廊，层层斗拱承托着梁架和屋檐，斗拱翻飞、翼角伸挑，二、三层周围设勾栏，形成绕楼回廊。从史料文字中可以得知，鹳雀楼的外观的确雄伟高大、气势磅礴。

从这段文字中，我们可以看出鹳雀楼的高度已经远超城墙，成了当地毫无疑问的制高点。登鹳雀楼既能望远，又能看到城里的变化，兼具了观赏性与实用性。而且，鹳雀楼极重艺术，就连楼上的雕花彩绘也是精美异常。不过，我们仍旧未能解答鹳雀楼的建造之谜。让文人墨客倾倒的鹳雀楼究竟是什么时候建造的，又是由谁建造的呢？

# 宇文护与鹳雀楼

鹳雀楼是中国四大文化名楼之一，也是璀璨耀眼的"黄河明珠"。然而，这座瑰丽俊美的楼阁究竟是何人在何时所建呢？答案就藏在清人所撰的《蒲州府志》里。

从《蒲州府志》看，鹳雀楼应当是北周时期的宇文护建造的。可是，宇文护到底是个什么样的人呢？他又为何在此地建造鹳雀楼呢？下面我们就来一一进行解答。

关于第一个问题，宇文护到底是什么样的人。在解答这两个疑问之前，我们要先知道宇文护"皇帝杀手"的称号。历史上杀过皇帝的人有不少，比如秦朝的宦官赵高，东汉时期的权臣梁冀，以及南北朝时期的重臣刘裕，等等。但细细数来，这些人也不过杀过一位皇帝，而南北朝时期的权臣宇文护，却曾在三年内先后弑杀了西魏恭帝、北周孝闵帝和明帝三位皇帝。

那么，宇文护凭什么先后弑杀了三位皇帝呢？原来，这与他的家族势力密切相关。北魏时期，鲜卑族掌权，而宇文家族在北魏初期便已经开始崛起。到北魏后期，北魏的两个集团分裂成了东魏和西魏，宇文家族便是西魏的掌权家族。

当时，宇文家族的掌权人是宇文护的叔叔宇文泰。在宇文泰的庇护下，西魏的实际政权完全掌握在宇文家族的手中，宇文护更是大权独揽。

557 年，宇文护废黜西魏恭帝，建立

唐　阎立本　宇文邕

宇文邕是南北朝时期北周第三位皇帝。

清　佚名　宇文泰像

宇文泰是南北朝时期杰出的军事家、改革家、政治家，西魏的实际掌权者，北周政权的奠基者。

起北周政权，同时拥立宇文泰的长子宇文觉登天王位，建都长安，而他本人则担任了大冢宰，也就是宰相。当时，北齐篡东魏天下，建都安阳，北齐与北周成对峙局面，相互之间为争夺地盘常年征战。而山西大部被北齐所占，自平阳以东（今临汾）以及洛阳以东均为北齐的属地，而蒲州则是北周在河外占据的一块孤地，乃当年的军事重镇与要塞。

蒲州与长安距离不远，是护卫都城的屏障，因此，宇文护十分看重蒲州这个军事要地。再三思索下，他决定开赴前线，亲自驻守蒲州城。当时，蒲州城相当于北周都城的都护城，而在北周与北齐的战争中，此处又相当于一个前哨位置。北周宇文护军镇河外之地筑为层楼，是一个军队驻扎的地方。

李瀚在《河中鹳雀楼集序》中提到"旁窥秦寨"一词，意思是在此处能看到陕西，下面又可以俯视舜城里面，所以，鹳雀楼在当时又相当于一个军事瞭望台。因此，宇文护将鹳雀楼当作戍楼以对付北齐军队的进犯，这一点看来似乎是非常合理的。

接下来，我们来看第二个问题，即鹳雀楼的建造年代。在《蒲州府志》的记载中，我们可以得知鹳雀楼的创建年代是在557年到571年的十四年间，但没有更加准确的年月。根据宇文护的时间线进行推理，这期间正好是宇文护一生中最为风光的时候。如果仅仅是军事瞭望之用，为何要大兴土木，将鹳雀楼建造得如此高大雄伟呢？原来，大权独揽的宇文护是一个虔诚的佛教徒，他利用权势大兴土木建设了大量的宫殿庙宇，鹳雀楼便是其中一座。

当时，北齐政权与北周政权战争不断，而557年前，北齐政权在太原羁押了宇文护的母亲及周武帝的姑母，这让宇文护耿耿于怀。为了将北齐彻底赶出晋地，宇文护决定联合突厥大举伐齐，齐武成帝害怕，于是归还了周武帝的姑母，以换取暂时的和平，可宇文护的母亲阎氏却仍然被羁押在太原。

齐武成帝对她十分优待，还让她给宇文护写了一封家书。阎氏的家书写得非常痛切，饱含了思念儿子的感情。宇文护接到母亲的家书悲痛万分，不能自已。尽管宇文护是鲜卑族，但他崇尚儒家的思想，且是一个大孝子，于是，在国家势力之争的夹缝之中，宇文护与其母亲的母子之情显得那样真挚、凄切。鹳雀楼位于蒲州城西南，此处正是前往太原的起始之点。宇文护在此建立如此高大雄伟的楼宇，或许也是为了凭栏眺望晋阳，遥思那里的母亲。

如今，由于史料的缺失，人们已经无法更加准确地考证宇文护建造鹳雀楼的真正目的。也许他是为了观察敌情，也许他是思念母亲，也许两者动机兼而有之。不过，不管出于什么目的，宇文护最终留下的，是一座引发后人无穷遐想和追思的历史名楼，而这些谜团，也让鹳雀楼蒙上了一层神秘的面纱，吸引中外游客前来探寻。

# 拔地黄河第一楼

在鹳雀楼登高远眺时，远处的美景固然令人心醉，近处的景致也同样令人沉迷。在鹳雀楼东侧不远的地方，有一座与鹳雀楼同样声名显赫的普救寺。这座寺庙是王实甫的杂剧《西厢记》故事的发生地。普救寺和鹳雀楼东西呼应，据考证，这两处建筑之间似乎也有着某种难以言说的关系。

1985 年，文物部门在修复普救寺的时候，曾在这里进行了保护性的考古挖掘。在一米多厚的地下，普救寺呈现出了隋唐时期的庙宇建筑布局的遗迹。这些现象似乎可以证实，普救寺是隋唐时期所建。紧接着，在普救寺舍利塔的地下一米处，文物部门又发现三尊南北朝后期艺术风格的石雕佛像。

经过考证，这三尊石雕佛像早于隋唐时期大雄宝殿建造的时期。既然如此，普救寺建于隋唐的说法就令人怀疑了。文物部门发掘出佛像以后，发现佛像和北魏的相比，其面盘比较宽，身材和腹部也更加饱满。据此推断，普救寺的创建年代和鹳雀楼的创建年代是完全吻合的。史料记载，那个时期的蒲州城正处于宇文护家族的势力范围，而宇文护的儿子当时正在蒲州任刺史。可见，蒲州应该是宇文护非常倚重的地盘，那么，我们便可以大胆推测，普救寺或许也是宇文护所建，和鹳雀楼同属一个建筑群落。

大权独揽的宇文护笃信佛教，又喜欢大兴土木。在位期间，他除了建造

**明　仇英　《西厢记》图页**

此图描绘痴情张生攀墙赴会的情节，《西厢记》发生地正是距离鹳雀楼不远的普救寺。

了大量的宫殿楼阁外，还建造了大量的庙宇宝刹，甚至连一直想抑制佛教的周武帝都遭到宇文护的抵制。567 年，周武帝召集群臣、名僧和道士讨论三教的优劣，意在定儒为先，道教为次，佛教为后。可是，此举却遭到了当时笃信佛教的大冢宰宇文护的反对。由此可见，普救寺很有可能是笃信佛教的宇文护所建。当然，在史料不足的情况下，这些都是推测，具体真相还有待进一步考证。

目前看来，鹳雀楼只是宇文护修建的大量建筑物之一。那么，是什么原因让它在后人的心目中有着那么大的影响力呢？要知道，中国的四大名楼里，每座楼都是一个文化载体。滕王阁紧依赣江，因王勃的《滕王阁序》而闻名；岳阳楼在洞庭湖畔，因范仲淹的《岳阳楼记》而不朽；黄鹤楼毗邻长江，因崔颢的《黄鹤楼》而闻名。这三座高楼都是依山傍水，非常符合中国古代文人心目中的山水情结的。

同样，"前瞻中条山，下瞰黄河"的鹳雀楼，也因王之涣的《登鹳雀楼》而名垂千古。文人雅士登高远望，观看风景，感受大好河山，这是中华文人的一个传统。楼阁不但能让文人远望，而且它的文化内涵也非常丰富，所以它这个位置须得在江边，而且附近的环境都要结合得非常融洽才好。

"白日依山尽，黄河入海流。欲穷千里目，更上一层楼。"这首诗描绘了一轮落日向着楼前连绵起伏的群山西沉，在视野的尽头冉冉而没的场景，也做到了让景致缩万里于咫尺，使咫尺有万里之势。黄河滚滚南来，又在远处折而东向，流归大海。鹳雀楼留下的，不仅是这绝美的景致，还有王之涣、李益、畅当等诗人留下的千古绝唱。

据当代学者研究考证，"华夏"一词的"夏"，指的便是历史上的大夏民族。它的繁荣，正是以尧舜禹为象征，其活动的核心就在河东一带，那片被称作"八百里秦川"的地方。从地域上讲，华夏文化的核心就是中原文化，而鹳雀楼所处的位置正在中原。也就是说，鹳雀楼所在的区域，其实就是华夏文化主要根系所在的地方。这一巧合，也让鹳雀楼蒙上了一层神奇的色彩。

或许，正是因为鹳雀楼承载着远古的记忆，才使得历代的文人墨客前来吟颂题记，才使得鹳雀楼最终成为后人心中的人文精神名楼吧。总之，

557 年到 571 年，鹳雀楼自诞生之日起便开始了它见证随后几百年历史的旅程。具有黄河流域地标性建筑的鹳雀楼在以后的历史风烟中，又有着怎样的故事？它又是如何让大唐盛世以及历代的文人墨客魂牵梦萦，又是如何毁灭的呢？

# 消失的鹳雀楼

天下黄河第一楼"鹳雀楼"，因时常有鹳雀栖于楼上而得名。可惜，曾经风光无限的鹳雀楼一度毁于战火，仅存故址。斗转星移，历史的车轮来到 1997 年，鹳雀楼的复建工程也终于开始了。

鹳雀楼重修落成典礼在黄河之畔举行，数万人参加了这个特别的大型活动，来自海内外的各界人士热烈庆祝消失了七百余年的历史名楼的重生。这栋楼宇自 1991 年开始筹建，在人们的关注和期待中，它也承载起试图恢复古鹳雀楼那厚重记忆的重任。

如今，楼宇内陈列着那些古老的瞬间，比如当年盛极一时的唐玄宗巡幸蒲州景象模拟图，再比如盛唐时期王之涣与王昌龄、高适比诗的传说故事，又比如一千五百余年前北周宇文护兴建鹳雀楼的

宋　佚名　唐太宗立像

唐太宗李世民缔造盛唐太平盛世，威及域外，史称贞观之治。

情景壁画，以及那些象征黄河流域古老文明。这些瞬间以独特的方式登上鹳雀楼的舞台，以此来吸引前来怀古的人们。

隋朝末年，义军蜂起，天下大乱。曾任河东抚慰大使，在蒲州驻扎过的李渊和他的儿子李世民举兵造反。将蒲州确立为军事战略支点的李世民曾不惜代价地将此处拿下，由此巩固了大唐的政权。开元年间，唐朝政府又在这里修建了蒲津渡铁牛及浮桥，至此，鹳雀楼、普救寺以及蒲津渡浮桥这些景观群落，在盛唐时期得以交相辉映。

此时，蒲州古城正式成为大唐王朝的另一个政治和文化中心，再加上鹳雀楼立晋望秦，咫尺之遥的蒲津渡浮桥连接两地，由此吸引了众多的文人雅士前来登楼抒怀。不过，鹳雀楼真正声名鹊起，还是在王之涣那首诗遍及全国以后才开始的。

然而，今楼非古楼，曾让大唐盛世以及历代的风流才子们魂牵梦萦的古鹳雀楼究竟是怎样毁灭的呢？古代的鹳雀楼遗址在哪里？它是否重建过？历经千余载后，今人在将它复建的过程中又遇到了怎样的困惑呢？下面就让我们来一一解答。

一千五百多年前，鹳雀楼在一个特殊的地理位置，伴随着战争的硝烟诞生了。可是不久，它便面临了一次有惊无险的"灭顶之灾"。就在它刚刚建成时，随着一次宫廷事变，它的设计者和主人都被谋杀，与之相关的建筑也遭涂炭。

560年，宇文护因害怕周明帝不断上升的威望而毒死了他，并拥立宇文泰的四子宇文邕为帝，史称周武帝。572年，这一年正是鹳雀楼的创建者宇文护的遇戈之年，周武帝深深痛恨宇文护的擅权弄政，于是在十二年的忍辱负重和韬光养晦下杀掉了宇文护。

当时，宇文护被周武帝骗至后宫杀死，他的同党及其亲属多数被杀戮，就连远在蒲州任刺史的儿子也被召回后赐死。紧接着，周武帝开始实施了疯狂的灭佛政策，他还焚烧了包括宇文护生前兴建的所有宫殿楼阁以及庙宇宝刹等。可是，鹳雀楼却幸免于难，因为它除却观赏功能和宗教意义外，还兼具军事功能和实用性。然而，鹳雀楼虽然在周武帝手里幸免于难，却终究没逃过元代初期的一场大火。

1272 年，也就是元朝初年，著名的文学家王恽曾经写过一篇《登鹳雀楼记》，但文中描写了鹳雀楼只余残垣断壁。难道，鹳雀楼早在元代之前的宋金时期就被毁灭了吗？要知道，北宋的科学家沈括曾来过这个地方，他还在《梦溪笔谈》里记录了鹳雀楼的俊秀与瑰丽。那么鹳雀楼究竟是什么时候被毁的呢？

原来，元代初期，成吉思汗铁木真金戈铁马进攻中原，金主完颜氏见蒲州城可以以黄河为天然屏障，易守难攻，便迁都蒲州死守。在蒲州，蒙古和金国双方展开了惨烈的争夺城池的拉锯战，战争一直持续了八年。

1222 年，围绕蒲州城展开的激战从白天一直到深夜，金兵在攻城的过程中，有一个叫侯小叔的将领，一把大火点燃了城西南的鹳雀楼，一同被点燃的，还有城西北的蒲津大铁桥和黄河上的船只。关于这段描述，史料是这样记载的，"夜半攻城以登，焚楼，橹，火照城中"。当时，侯小叔害怕蒲州城守不住，元军再利用这座桥打过河，所以他要烧掉桥和船只。而高楼除却军事作用外，还代表着人们誓死抗争的决心。于是，鹳雀楼就在这样的背景下被付之一炬。

战火使得唐人心中的鹳雀楼灰飞烟灭，消失在滚滚的历史风烟之中。鹳

**著名的北周史君墓石椁**

鹳雀楼

雀楼在历经七百多年的辉煌后，最终还是没有逃过无情的战火，而它的消逝也给后人留下了无尽的遗憾和喟叹。

# 今楼非古楼

楼阁的历史与命运总是惊人的相似，尤其是历史四大名楼，亦有着相同的命运和遭遇。黄鹤楼在历史上屡建屡废，最后一座清楼毁于光绪年间，直到 1984 年才得以重建；滕王阁历经兴废二十八次，直到 1989 年才得以再次重建；岳阳楼也在历史长河里浮浮沉沉，直到清朝末年才得以重修。那么，鹳雀楼的重建又有着怎样的故事呢？让我们继续往下探寻。

危楼百尺俯沙湾，一片孤城夕照般。

铁牛偃卧空留迹，鹳雀高飞杳不还。

这是清朝诗人崔景涑写的《鹳雀楼晚眺》，描绘的是鹳雀楼依然耸立在黄河之畔，唐时的大铁牛也依然安卧在岸边的场景。除了崔景涑外，还有明清的其他一些诗人也写过很多关于鹳雀楼的诗词。难道，鹳雀楼在元代被战火焚毁后又重建过吗？答案显然是否定的。

从清朝的《蒲州府志》上看，当时"明代楼尽毁，问存其迹"，也就是说当时的人们所描绘的并不是鹳雀楼，而是西门的城楼。也就是说，明清时期凡是写登鹳雀楼的诗，所登的都是蒲州城西门的城楼。

彼时，蒲州古城历经一千三百多年的风雨剥蚀，早已沦为一片废墟。我们今天看到的蒲州城墙的框架，实际上是明洪武四年（1371 年）重筑的，现在的遗存仅剩东、西、南、北四门，以及鼓楼和一些裸露的土埂，西城门更是仅剩瓮城，而且瓮城内杂草丛生，城门上面的西城楼早已荡然无存。

正是因为王之涣、李益等诗人把鹳雀楼写在了天下人的心中，所以后人无不读诗思楼，希冀踏着古人的足迹登楼临风，寻得那一份千古之苍茫豪情。当时，前来西城楼的人络绎不绝，官府实在没有办法，只好移花接木，将蒲州古城西城楼更名为鹳雀楼，以此满足天下文人登楼怀古的心愿。

那个时候，西城楼按照一般的常规，建造了一个平面为长方形，三层檐，高度在二十米左右的楼阁。西城楼的上面应为歇山顶，最下面一层廊柱比较高，第二层廊柱次之，名为重檐歇山式楼阁。当然，西城楼的规模与高度都无法与鹳雀楼相提并论，只能暂且充当文人们怀古的工具罢了。那么，曾经无比辉煌的鹳雀楼的故址在哪里呢？我们可以从明嘉靖年间《重修黄河石堤记》的记载里找到答案。

那一年，黄河决堤，洪水侵入蒲州城内，城外西南的鹳雀楼遗址完全被洪水冲没，沉入了漫漫滩涂之中。后来，黄河水又屡次泛滥，河道忽东忽西，蒲州城的北门、东门、西门以及鼓楼遗址都被厚厚的黄沙掩埋，鹳雀楼的遗址更是杳无踪迹，无处可寻了。

但是，随着1989年蒲津渡口拴系浮桥的大铁牛的出土，为鹳雀楼遗址的探寻提供了一些依据。重达几十吨的大铁牛，被泥沙深埋于八米左右的地下。那么，位于蒲州古城西南方位的鹳雀楼遗址是不是也可以被发现呢？答案是，该遗址并未被发现，至今依然是个谜。

1991年，中国百余名学者联名倡议重建鹳雀楼，在随后的1996年鹳雀楼复建方案论证会议上，人们决定采用以仿唐式建筑来恢复鹳雀楼，而鹳雀楼的工程场地，正好位于黄河河漫滩上。这段河道为游荡性河道，河道在河床内摆动频繁，面对如此复杂的地下构造，工程建设人员决定将地基深挖到地下四十多米处，并浇铸了210根直径800毫米的钢筋混凝土柱桩，深深扎入地层之中，形成一个坚固庞大的基座。

不过，这次复建工程在结构形制上虽然按照唐代风格进行，但装饰绘画却并没有按照唐代彩绘的艺术风格恢复。因为我国现存唐代彩绘建筑几乎无存，而且鹳雀楼的彩绘面积达三万多平方米，这显然是一项不可能完成的工程。不过，在对唐代建筑绘画工艺进行了一定的探索后，人们决定在实施过程中，让梁枋彩画参考敦煌石窟中唐和五代时期的绘画风格，让整个彩画色彩简单明快，轮廓线路清晰庄重。在天花井彩画的绘制中，人们还吸收了陕西唐懿德太子墓天花彩画图案的特点，将连珠纹、如意纹、卷草纹、变形莲瓣纹等诸多纹饰紧密结合在一体，形成绚丽的大型团花纹饰。一千多年前的中国古代建筑彩绘，在专业人士的设计下，从纹理到色彩整体还原了那份原有的古朴典雅与大度华丽。

如今，鹳雀楼依然像千年前那样屹立于黄河之畔，后人也依然能体会到"欲穷千里目，更上一层楼"的高阔意境。但今楼非古楼，它不曾聆听过"汉家箫鼓空流水，魏国山河半夕阳"里帝王行船的箫鼓和棹歌，也不曾感受过"事去千年犹恨速，愁来一日即为长"的怅惘，更不曾生发过"风烟并起思归望，远目非春亦自伤"的伤感。

历史无情，古鹳雀楼早已消失在岁月的风烟之中，但是楼以魂存，那些不朽的诗词歌赋穿越了历史的长河，直到今天还传诵于千家万户，引发着一代又一代的人们透过历史烟云，不断地去遐想、触摸、感受那早已消失的历史画卷，因为这是人类共有的记忆。

# 第八章
# 千古滕王阁

# 滕王高阁临江渚

"滕王高阁临江渚，佩玉鸣鸾罢歌舞。画栋朝飞南浦云，珠帘暮卷西山雨。"一座巍峨雄丽的高楼伫立在江西省南昌市西北部的赣江东岸，这座楼阁是中国历史四大名楼之一，也是承载了无数文人旧梦的文化场所。它始建于653年，距今已有一千余年历史，然而，时至今日，仍然有无数人对其心向往之，将自己的灵魂赋予这座楼阁。读到这里，想必大家已经猜到了，是的，这座楼阁便是历史上著名的滕王阁。

在唐朝的历史中，663年是一个很平常的年份，但对江边的滕王阁来说，这一年却是一个值得永远被铭记的时刻。此时，唐王朝已经建国四十五年，而这座楼则建成了十年。十年的风雨，让这座木结构建筑变得残破不堪。

中国古代讲究建筑风水，古人认为，若想当地人杰地灵，就必须用高建筑物来聚集天地间的灵气，吸收日月之精华。所以，中国古代城市常常修建宝塔或者高阁，以此象征吉祥。或许正是为了这种美好的祝愿，663年，洪都府的都督阎公决定出资翻新滕王阁，而与此同时，在千里之外的山西，一个满腹经纶的少年正在家中收拾行囊，准备动身前往海南，去探望被贬谪到那里的父亲。

这年秋天，滕王阁刚翻修完毕，阎公兴起，便于九月初九重阳节开宴，遍请江右名儒为阁楼作序。此时，那个从山西去往海南探望父亲的少年正行至此处。阎公好客，对过往行人皆不问出处，一律邀请到府，少年也因此应邀参加了这场宴会，并年少轻狂地接受了为滕王阁作序的任务。

当阎府家仆研墨铺纸之时，任谁也不会想到，即将诞生的这篇序会让这个名不见经传的少年名满天下，也会让这座建筑名垂千古。

少年叫作王勃，位居初唐四杰之首，这座滕王阁屹立于鄱阳湖畔，赣水之滨，除了与岳阳楼、黄鹤楼和鹳雀楼并称中国历史四大名楼外，它还与黄鹤楼和岳阳楼一起被后世并称为"江南三大名楼"。当时，王勃所作之序叫作《秋日登洪府滕王阁饯别序》，简称《滕王阁序》。正是这篇《滕王阁序》，成全了王勃，亦成全了千古名楼滕王阁。

"豫章故郡，洪都新府。星分翼轸，地接衡庐。襟三江而带五湖，控蛮荆而引瓯越。物华天宝，龙光射牛斗之墟；人杰地灵，徐孺下陈蕃之榻。雄州雾列，俊采星驰。台隍枕夷夏之交，宾主尽东南之美……"这篇《滕王阁序》让一座楼名垂千古，确实是个奇迹，然而，更令人惊奇的是，此序问世之时，王勃年仅十四岁。

也许是出于嫉妒，也许是出于对事实真相的探索，后世文人开始质疑——王勃作序时真的只有十四岁吗？那么，我们要先看看这个说法是谁放出来的。在元朝以前，人们认为王勃就是少年时期登滕王阁写的序，因为与王勃同时代的杨炯（初唐四杰之一）在王勃去世之后出了一本书，在这本书的序言里，杨炯称王勃在十四岁时满载着荣誉而归。

可是，很快便有人发现，杨炯之说与史实不符。因为王勃生于649年，而673年，王勃的父亲被贬谪到海南，当时王勃二十四岁。两年后的675年，王勃才

**清　佚名　王勃像**

中国唐代文学家、诗人，与杨炯、卢照邻、骆宾王以诗文齐名，并称"王杨卢骆"，亦称"初唐四杰"。

**滕王阁内瓷器**

此碗做工精美，雕工细腻，具有很
高的收藏价值。

南昌滕王阁

**滕王阁内明瓷器**

此为明代早期瓷器，器物端庄古朴，
典雅大方。

前往海南探父。所以，有学者认为王勃正是在此次省亲途中作的《滕王阁序》。如果这一推测属实，那么，王勃作序时的年纪就不是十四岁，而是二十六岁。

为什么史书对王勃省亲一事记载得如此准确呢？因为王勃正是在此次省亲途中不慎坠海，溺水身亡的。也就是说，承千载盛誉的《滕王阁序》也许就是王勃的绝笔之作。不过，且不论真相如何，历史上王勃与滕王阁"序以阁名，阁以序传"是不争的事实。正是王勃不足千字的序诗，才让滕王阁得以与黄鹤楼、岳阳楼、鹳雀楼等名楼比肩，不过，这里仍然有个奇怪的现象，那就是为何其他名楼都以楼为名，唯独此处被称作"阁"呢？

原来，唐代朝廷对房屋的建筑规格有着非常严格的等级限制，那些平地而起的叫作楼，楼是重屋，上下都可以住人。而底部架空而建的叫作阁，由干栏式建筑演变而来。阁在唐代是一种皇家规格的建筑形式，也就是说，地方政府或者普通百姓只能建楼，不能建阁。只有皇城，也就是洛阳和长安或者孔庙，才被允许使用阁这种建筑形式。

初唐时期，南昌尚属于偏僻的蛮荒之

清　黄应臣　滕王阁图

此图笔法细腻，意境优美，表现了清代滕王阁的情景。

地，是安置降级官员的地方。那么，一座高规格的滕王阁为什么会出现在这里呢？答案就隐藏在历史之中。

王勃作序时，洪都府都督阎公是将阁楼翻新的。换言之，在此之前，这座滕王阁已经建成。阎公修阁的时间是 663 年，唐朝建国的时间是 618 年，中间相距四十余年，这段时间不算太长，人们很快便从史料中找到了一个叫李元婴的人。此人曾经做过洪都府都督，而且李这个姓在唐代只有皇亲国戚才能使用。毫无疑问，李元婴和滕王阁之间有着紧密的关联。

史书上记载，李元婴曾被封为滕王，时间是 639 年，滕王阁正是因李元婴而得名。而滕王李元婴，在历史上是一个很值得探讨的人物，他身上存在的争议也很多。

李元婴是唐高祖李渊第二十二子，也是他最小的一个儿子，是唐太宗最小的弟弟。李元婴建滕王阁时，其父李渊，其兄李世民都已经去世，当时，继承皇位的是李元婴的侄子李治。作为当朝皇帝的亲叔叔，李元婴自然有这个能力建造滕王阁。可是，李元婴虽然贵为皇叔，其一生却颠沛流离，命途多舛。

根据记载，李元婴先是被贬到洪都任都督，后来又被贬到安徽滁州做刺史，转而授寿州刺史，后又千里迢迢转到四川任隆州刺史。一个皇叔为何会屡屡遭贬？这背后又有着怎样的历史原因呢？让我们继续往下看。

# 滕阁中春绮席开

从历史上看，李元婴是位争议颇多的亲王。根据《旧唐书》的相关记载，滕王李元婴行为放纵，政声狼藉，非议甚多。或许，这些争议就是他屡屡被贬的原因。滕王阁得以修建，就源于李元婴的纵情歌舞。所以，《旧唐书》对李元婴的记载基本是属实的。

李元婴任洪州都督时，曾带着一班幕僚和歌舞伎来到赣江边上的小山岗上，让歌舞伎们借着山川美景就地表演。但是，小山岗上到处是乱石杂草，并非一个演出歌舞的好地方。于是，随行的一位幕僚建议在临江的冈峦上建一座楼阁，这样一来，李元婴等人既可以欣赏山川美景，又可以观看歌舞表演。面对幕僚的提议，李元婴欣然同意。几个月后，一座精美的高阁便出现在赣江旁的山岗上，这就是著名的滕王阁了。

中国建筑史上的建筑类型有很多，比如衙门建筑、衙府建筑、宗教建筑、商业建筑、居民建筑等，而滕王阁属于一种特殊的建筑。从文化建筑层面看，滕王阁并非衙门办公地点，也非供奉菩萨的宗教建筑，更不是什么商业场所。它在当时的功能只有一点，那就是供李元婴歌舞宴会取乐。

然而有趣的是，一些诗文野史对李元婴的描述却并不像正史那么恶劣，其中甚至还记录了他的许多独到之处。因为滕王李元婴精通音律和歌舞，唐人李舍在诗中写过"滕王阁上唱伊州"，伊州是唐代非常流行的曲子，它出自西域，由西凉节度使献于朝廷，后经乐署改编很快流行，还一直被传唱到宋代。而唐代大诗人杜牧则在诗中对当年滕王阁上的歌舞作了更加生动的描写："滕阁中春绮席开，柘枝蛮鼓殷晴雷。"柘枝，指的是"柘枝舞"，这种舞原为西北少数民族舞蹈，后经教坊改编而广泛流行。滕王李元婴热衷歌舞，还将宫廷艺术和其他民族的歌舞艺术从中原带到江西，繁荣了当地文化。虽然这并非李元婴的本意，但从结果来看，这的确应该算作滕王的一大功绩。

除此之外，李元婴还是一位丹青高手，他尤其善画蝴蝶，并被后人公认为滕派蝶画的鼻祖。唐代诗人王建写道，"避暑昭阳不掷卢，井边含水喷鸦雏。内中数日无呼唤，拓得滕王蛱蝶图。"当年，滕王的《蛱蝶图》在宫中备受欢迎，宫娥们不被传唤的时候，便常常临摹滕王的蛱蝶作品。唐朝人张彦远的《历代名画记》中，对此就有明确记载。不过，滕王的画如今早已失传，但以李元婴的才情，想必是确有其事的。

可是，正史为何对滕王李元婴只记录恶行，却对才华只字不提呢？这与学者们在史书上找到的一个故事有关。李元婴被封为滕王的十年后，其皇兄唐太宗驾崩，其侄儿李治继位为高宗。太宗驾崩居丧期间，举国同悲。滕王李元婴却依旧莺歌燕舞，花天酒地，对去世的哥哥毫无哀思。高宗得知此

元　佚名　滕王阁图

此图斗拱、窗棂、栏杆等已简化为固定形式和一些线条组织、几乎接近印刷者。

事，下旨责备，但滕王依旧我行我素，不思悔改。滕王如此犯忌，正史自然难容。

但是，令人颇为好奇的一点是，滕王身为皇叔，深知宫中规矩，却为何偏要如此张狂呢？原来，当年李元婴被封为滕王的时候是贞观年间，而他建造滕王阁的时候却是李治当政的时候。当年李治当政，但实际的掌权人却是武则天。生前，武则天对李氏一族非常残酷，所以，为了韬光养晦，留得性命，李元婴不得不"沉迷"在音乐歌舞里面。当年，李元婴一再被贬，离国都长安越来越远，想必也是武则天等人对李元婴的忌惮。

总之，纷繁复杂的宫廷争斗，让原本壮志在胸的李元婴生发出一种枉生于帝王家的怨恨，这种怨恨或许就是他狂放不羁的真正原因。不过，这种狂放不羁并没有让滕王解脱，反倒是给了一个年轻人功成名就的机会。

"闲云潭影日悠悠，物换星移几度秋。阁中帝子今何在？槛外长江空自流。"如今，滕王的是是非非已经化为历史的尘埃，但如果不是滕王阁的存在，也许后人早已不知滕王是谁，也更没有王勃为滕王阁作序而名垂千古的事情了。

自阎公出资翻修滕王阁后，后世又对滕王阁进行了多次重建。中唐时期的大文学家韩愈就曾经写过一篇《重建滕王阁记》。此记作于820年，二十多年后，韦悫又写了一篇《重建滕王阁记》，此记作于848年。由此可见，唐代重建滕王阁至少三次以上。

唐朝末年，滕王阁毁于战火，而北宋则沿袭唐风进行了重建。北宋文人范致虚在《重建滕王阁记》中说，"滕王阁，堂皇之峻，丹腰之华，至者观骇。"这句话的意思是说，滕王阁堂皇壮美，人们到此，便会被这种壮美所震惊。可见，北宋不但沿袭了唐风，甚至可能扩大了滕王阁的规模。

到了南宋时期，随着国力削弱，滕王阁的情况亦发生了改变。南宋诗人范成大记载说："余至南昌，登滕王阁，其故址甚侈，今但于城上作大堂耳。"这里是说南宋时期，原先临江而建的滕王阁早已不复存在，它已经被人改建到了南昌城的城墙上。

到了元代，滕王阁更是名存实亡。此时，滕王阁不但阁址发生了改变，规模也早已不是唐宋时期的样子。而明代的滕王阁更是名实俱亡，元代建筑毁坏后，人们将滕王阁改为迎拜朝廷所颁发诏书的迎恩馆。后来，迎恩馆倾覆，人们再次重建，并将新建筑命名为"西江第一楼"。此时，虽然民间仍然将"西江第一楼"叫作滕王阁，但此时的滕王阁却早已不是当年的滕王阁了。

明代大画家唐寅曾绘制了一幅《落霞孤鹜图》，图上，落霞与孤鹜齐飞的意境犹在，但滕王阁早已是物是人非。也许唐寅作此画

清　李跃云　唐寅像

就是为了缅怀滕王阁那早已逝去的辉煌，然而，唐寅却终究没能看到滕王阁重现辉煌的那天。

## 滕王阁浮沉录

"云销雨霁，彩彻区明。落霞与孤鹜齐飞，秋水共长天一色。渔舟唱晚，响穷彭蠡之滨；雁阵惊寒，声断衡阳之浦。"653 年，滕王李元婴在洪都府（江西省南昌市）建滕王阁。在一千三百余年的历史中，滕王阁创而重修，修而又毁，毁又重建。仅是有确凿文字记录的重修与重建，就高达二十八次之多。

在清朝，滕王阁屡废屡兴了十多次，但工程都非常草率。不过，从保存下来的青花瓷器上，人们依然能看到清代滕王阁的风貌。

1926 年，滕王阁在被毁之前曾留下了一张照片，不过，从照片上的滕王阁看，人们几乎无法将其与王勃笔下的滕王阁联系在一起。1926 年，这座封建王朝里最后的一座滕王阁毁于战火，此后便销声匿迹了六十余年。

帝子之长洲，得仙人之旧馆。层峦耸翠，上出重霄；飞阁流丹，下临无地。鹤汀凫渚，穷岛屿之萦回；桂殿兰宫，列冈峦之体势。披绣闼，俯雕甍，山原旷其盈视，川泽纡其骇瞩。闾阎扑地，钟鸣鼎食之家；舸舰弥津，青雀黄龙之舳。云销雨霁，彩彻区明。落霞与孤鹜齐飞，秋水共长天一色。渔舟唱晚，响穷彭蠡之滨；雁阵惊寒，声断衡阳之浦。

遥襟俯畅，逸兴遄飞。爽籁发而清风生，纤歌凝而白云遏。睢园绿竹，气凌彭泽之樽；邺水朱华，光照临川之笔。四美具，二难并。穷睇眄于中天，极娱游于暇日。天高地迥，觉宇宙之无穷；兴尽悲来，识盈虚之有数。望长安于日下，目吴会于云间。地势极而南溟深，天柱高而北辰远。关山难越，谁悲失路之人？萍水相逢，尽是他乡之客。怀帝阍而不见，奉宣室以何年？嗟乎！时运不齐，命途多舛。冯唐易老，李广难封。屈贾谊于长沙，非无圣主；窜梁鸿于海曲，岂乏明时？所赖君子见机，达人知命。老当益壮，宁移白首之心？穷且益坚，不坠青云之志。酌贪泉而觉爽，处涸辙以犹欢。北海虽赊，扶摇可接；东隅已逝，桑榆非晚。孟尝高洁，空怀报国之情；阮籍猖狂，岂效穷途之哭！

勃三尺微命，一介书生。无路请缨，等终军之弱冠；有怀投笔，慕宗悫之长风。舍簪笏于百龄，奉晨昏于万里。非谢家之宝树，接孟氏之芳邻。他日趋庭，叨陪鲤对；今兹捧袂，喜托龙门。杨意不逢，抚凌云而自惜；钟期既遇，奏流水以何惭？呜呼！胜地不常，盛筵难再；兰亭已矣，梓泽丘墟。临别赠言，幸承恩于伟饯；登高作赋，是所望于群公。敢竭鄙怀，恭疏短引；一言均赋，四韵俱成。请洒潘江，各倾陆海云尔。

滕王高阁临江渚，佩玉鸣鸾罢歌舞。
画栋朝飞南浦云，珠帘暮卷西山雨。
闲云潭影日悠悠，物换星移几度秋。
阁中帝子今何在？槛外长江空自流。

徵明

明 文徵明 滕王阁序

滕王阁序铺叙滕王阁一带形势景色和宴会盛况，抒发了王勃"无路请缨"之感慨。文徵明行书书法，平正婉和，温润秀劲，自然流畅。

滕王阁序

南昌故郡，洪都新府。星分翼轸，地接衡庐。襟三江而带五湖，控蛮荆而引瓯越。物华天宝，龙光射牛斗之墟；人杰地灵，徐孺下陈蕃之榻。雄州雾列，俊彩星驰。台隍枕夷夏之交，宾主尽东南之美。都督阎公之雅望，棨戟遥临；宇文新州之懿范，襜帷暂驻。十旬休暇，胜友如云；千里逢迎，高朋满座。腾蛟起凤，孟学士之词宗；紫电青霜，王将军之武库。家君作宰，路出名区；童子何知，躬逢胜饯。时维九月，序属三秋。潦水尽而寒潭清，烟光凝而暮山紫。

觉宇宙之无穷，识盈虚之有数。望长安于日下，目吴会于云间。地势极而南溟深，天柱高而北辰远。关山难越，谁悲失路之人？萍水相逢，尽是他乡之客。怀帝阍而不见，奉宣室以何年？嗟乎！时运不齐，命途多舛。冯唐易老，李广难封。屈贾谊于长沙，非无圣主；窜梁鸿于海曲，岂乏明时？所赖君子安贫，达人知命。老当益壮，宁移白首之心？穷且益坚，不坠青云之志。酌贪泉而觉爽，处涸辙以犹欢。北海虽赊，扶摇可接；东隅已逝，桑榆非晚。孟尝高洁，空怀报国之情；阮籍猖狂，岂效穷途之哭！勃，三尺微命，一介书生。无路请缨，等终军之弱冠；

滕王阁自唐初永徽年间建成，到1926年毁于北伐战争。共历经了唐、宋、元、明、清五个封建王朝，这在中国古代建筑中是非常罕见的。那么，滕王阁为什么会多次兴废呢？其原因主要有三个。

第一，滕王阁地处江南，这里风大雨大，气候潮湿，木结构建筑很容易毁坏。第二，历代滕王阁皆建于江边，江水的侵袭很容易将建筑物的台基掏空，导致倾覆。第三，滕王阁所处地方并不能避免战火，从人为因素看，滕王阁也很难一直保存至今。

那么，后人又为什么要无数次地修复滕王阁呢？这个原因也很简单。从现代角度看，城市地标的身份是原因之一，南昌地处长江南岸的赣江下游，濒临鄱阳湖。自汉朝初年设立豫章郡南昌县以来，一共有两千余年的历史了。两千余年里，南昌一直是江西省的政治文化中心，也是人文荟萃之古城。一位学者曾经说过，南昌有滕王阁，乃一省之徽。这种徽章般的标志感，就是民间重建滕王阁的动力之一。

南昌有句古谣，叫"藤断葫芦剪，塔圮豫章残"。这里的"藤"便是滕王阁"滕"字的谐音，而"塔"则是南昌另外一座古建筑，绳金塔。葫芦指的是藏宝之物，豫章就是指南昌。这句古谣的意思是说，如果滕王阁和绳金塔倒塌了，南昌城中的人才和宝藏都将流失，城市也将衰败，由此可见滕王阁在百姓心中具有举足轻重的地位。

除了这个原因外，载誉难弃则是重修滕王阁的另一个原因。自王勃的《滕王阁序》问世后，相继有王绪作《滕王阁赋》，王仲舒写《滕王阁记》，简称"三王文章"。"三王文章"在当时名噪天下。一百余年后，位居唐宋八大家之首的文学大家韩愈再作《重建滕王阁记》，开出诗文传阁的先河。此后，关于滕王阁的诗词歌赋便绵绵不绝。可以说，这种文化的传承甚至比滕王阁的修建还要连贯。

当年滕王建阁的时候，李元婴便把北方的文化带到南方，实现了南北文化的交融。所以，滕王阁在文化上又体现出中华传统文化的南北交融，其文学意义不言而喻。在一千三百余年中，滕王阁迎来送往了众多文人墨客，这也让它的文化积淀更加深厚。所以，滕王阁还有一个自身文化的积淀，这种文化的积淀让滕王阁的"创而重修，修而又毁，毁又重建"成为必然。

中国自古信奉"国兴则阁兴，国衰则阁废"，其实，这种必然与国力有着密切的联系。比如清朝末年，中国积贫积弱，战火连绵。那时的滕王阁就像当时的清朝江山一般满目疮痍。到了 20 世纪 80 年代，中国迎来新的辉煌，于是重建滕王阁的计划便再次启动。人们希望恢复滕王阁的盛世雄风，可此时距离初唐建阁已经过去了一千三百余年，该如何找回当年唐朝盛世的风采呢？

**明　仇英　临宋人画册（图为滕王阁）**

此图虽为临摹宋人，却有典型的明人绘画风格，从中可以窥见明代滕王阁之象。

1989 年，滕王阁再次矗立在赣江之滨，此时，人们眼前的滕王阁已经是宏伟壮丽、俊美异常，就像王勃在《滕王阁序》中描写的那样，"层峦耸翠，上出重霄；飞阁流丹，下临无地"。可是，关于滕王阁这华丽身影的背后，是一条多么艰辛曲折的重建之路啊，对此却很少有人探寻。

清末民初，滕王阁毁于军阀之手后，古城百姓就有了重建的想法。然而，北伐战争后的南昌地区一直处于矛盾的旋涡之中。祸结兵连、民不聊生，重建滕王阁的想法只能被束之高阁。1949 年，新中国成立后不久，江西省南昌市政治协商会议再次提出了重建滕王阁的议案。不过，当时的中国百废待兴，国计民生尚待稳定，重建滕王阁显得有些不合时宜。那么，滕王阁究竟是如何实现华丽的重生呢？让我们继续往下看。

# 滕王阁重建之路

自唐初建阁起，滕王阁在千余年间经历了数十次重修。清朝末年，滕王阁毁于战火，销声匿迹了六十余年，直到新中国成立后，滕王阁才终于迎来了重生的希望。

1957 年，江西省文物管理委员会再次着手筹备重建工作，他们向有关单位征集滕王阁的文献资料，并对建阁的地址进行了勘察和筛选。随后，他们提出了一份详尽的重建滕王阁意见书，为确保重建工作顺利展开，专家们在意见书中对滕王阁重建一事的必要性进行了重点阐述，其主要意见就是我们前面提到的标志问题。

滕王阁对江西省南昌市来说，无疑是一个非常重要的文化古迹，而且，滕王阁驰名中外，重修滕王阁是十分必要的事情。1960 年，国家副主席董必武视察南昌，他对重建滕王阁一事非常关心。可就在大家满心欢喜地认为，重建滕王阁一事已是水到渠成的时候，谁也没有想到在随后的近二十年时间里，突如其来的政治和经济上的困难让此事再次搁置。

　　1978 年之后，社会上要求重建滕王阁的呼声日渐高涨，随着国民经济的恢复。1983 年，滕王阁重建之事被南昌市市政府正式列入议事日程。同年 3 月，南昌市重建滕王阁筹备委员会正式成立，此时，人们重建滕王阁的梦想终于成为现实。

　　当时，南昌城的百姓们无不对此欢呼雀跃，然而，当欢庆的喜悦消退之后，有一个亟待解决的问题便摆在了人们面前——滕王阁到底应该建在哪儿呢？我们都知道，作为千年古阁，滕王阁建在旧址之上才能还原其本真，但滕王阁的旧址在哪儿呢？

　　1960 年，董老视察南昌市的时候也曾寻觅过滕王阁旧址，当时他还赋诗一首，"豫章城郭迹无留，惟见西山水北流。滕阁尚存一片石，游人亦问百花洲"。可见，当时的南昌古城已经遭到了很大破坏，滕王阁旧址更是无迹可寻。

　　没有旧址，又谈何重建呢？这个问题让滕王阁重建工程负责人之一宗九奇烦恼不已。宗九奇热爱书法，烦恼之时，他总喜欢通过写字来调整情绪。宗九奇冷静下来之后，决定到史料中寻找线索。

　　作为江南名楼，滕王阁在历史上留下了太多的记载。此时，宗九奇苦恼的不是没有资料，而是自己什么时候才能把资料看完。可就当他翻阅完史书之后，另外一个让人头疼的问题出现了——滕王阁一千三百余年的历史，历经了唐、宋、元、明、清五代，且每个朝代都曾重建，阁址多次变迁，那么，到底该将哪处旧址定为重建的位置呢？

　　滕王阁为初唐时滕王所建，对滕王阁来说，唐代旧址自然是最佳选择。可是，滕王建阁时的图纸早已失传，只有王勃的《滕王阁序》是最早的记载。在序中，王勃是这样描述阁的位置的："俨骖騑于上路，访风景于崇阿。临帝子之长洲，得天人之旧馆。"这句诗的意思是说，滕王阁是建在一个临江的高岗上的。可这个高岗究竟在哪里，王勃并没有提及。

　　唐人韦悫有一篇《重建滕王阁记》，是当时对滕王阁记述得比较全面的文章。韦悫在文章中如此写道："先是郡背郭不二百步，有巨阁称滕王者。"这段描述看起来更具体一些，意思是滕王阁坐落在一个距离城门两百步的临江

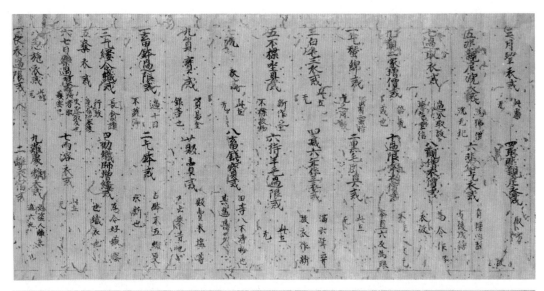

**唐　佚名　《王勃集》第二十九卷残卷**

《王勃集》为唐抄本，卷二十九存行状、祭文五篇，东京国立博物馆藏。虽为手抄本，但字迹娟秀，笔锋犀利，似刻于石上。

之处。不过，这个信息也同样模糊不清，因为根据清同治年间的南昌府制图，整个南昌城临江的城门有五处，分别是德胜门、章江门、广润门、惠民门和进贤门。滕王阁是距离哪个门两百步呢？韦悫并没有提及。城门不确定，阁址就不能确定，滕王阁阁址寻找工作受阻，这让滕王阁重建工程总建筑师陈星文肩上的压力倍增起来。

经过慎重思考之后，陈星文决定将目光投向宋朝。因为有资料显示，北宋时期的滕王阁是在唐代旧址上重建的。也就是说，只要找到了北宋时期的旧址，就等于找到了唐朝的旧址，进而也就确定了今天人们重建滕王阁的位置。

宋人范致虚的《重建滕王阁记》中记载，"滕王阁在郡城之西，滕王元婴所建也，阁距于城门西北一百八十步"。也就是说，在郡城之西有个城门，城门西北一百八十步处就是滕王阁所在地。根据范致虚的描述，人们很快就在南昌府制图上找到了郡城之西的那个城门，这个城门便是章江门。

章江门是南昌七大古城门之一，其遗址位于今天南昌张江路西端和榕门路的交会处。张江门的位置得以确定，滕王阁旧址也就确定了。20世纪80年代，工人们在挖掘下水道的过程中，在章江门附近发现了清代滕王阁旧址。这就说明了唐阁旧址在这附近的可能性非常大。综合各种信息后，专家们将新阁阁址选在了赣江与抚河故道交会处的新洲尾。至此，滕王阁将迎来自己的新生。

# 滕王阁新生

滕王阁穿越千年，见证了古今多少才子佳人、文人墨客，最终，它的灵魂拨开了历史的迷雾，来到了一个全新的时代。"北海虽赊，扶摇可接。东隅已逝，桑榆非晚。"在人们的努力下，滕王阁终于做好了迎接新生的准备。

通常，建筑师们会根据建筑物的功用和美学需求来进行创造，可在重建滕王阁这件事上，人们显然不能随性而为。既然是重建滕王阁，那就必须根据滕王阁的原样进行复原性设计。可滕王阁原本是什么样子的呢？前面我们提到，李元婴时期的滕王阁像已经失传，而中国唐代的建筑也几乎没有遗存。也就是说，没有人知道唐代的滕王阁究竟是什么样子。

而且，王勃的《滕王阁序》虽然辞藻华丽，意境深远，但要根据这些文字将滕王阁的外形和内部结构都准确地描绘下来，显然是件非常困难的事情。好在，宋代有一幅郭忠恕的画，内容便是滕王阁。郭忠恕的这幅画收藏在明朝一个很有名的藏书家夏子欣手里。夏子欣是嘉兴人，他收藏的宋画被放在嘉兴一个叫作天籁阁的地方。

根据一番努力，专家们找到了这幅宋版的滕王阁图。这幅图系工笔画，其画风精细逼真，图上滕王阁的台座、碧瓦丹柱、回廊、檐口、斗拱、戗脊等所有的建筑结构和细部都清晰可辨。然而，唐代的滕王阁就是这样的吗？今天的我们是否还有其他朝代的滕王阁图进行参考呢？关于第二个问题的答案显然是肯定的，因为元代就有两幅滕王阁图，不过，这两幅图上的滕王阁虽然造型雄伟高耸，但它们与宋版的滕王阁相比显得朴实了不少。至于明代的滕王阁，其在建筑功用上就与宋版的差异甚大，所以，明代的滕王阁虽然有图画留存，但没有什么实际的参考价值。

可以说，唐、宋、元、明、清五个朝代的滕王阁系五种不同风格，那么，今人重建滕王阁又该以哪个朝代为标准呢？经过讨论，专家们的意见多集中于唐宋两朝，因为彼时的滕王阁是最为恢宏华丽的。但是，究竟是根据唐朝的滕王阁来建造，还是根据宋朝的滕王阁来建造呢？

支持唐朝风格的专家认为，滕王阁始建于唐，自然要以唐风重建；而支持宋朝风格的专家则对此并不认同，他们认为唐代的建筑物在国内遗存得较少，而宋代的建筑物更容易寻找参考，再加上宋代还有一本叫作《营造法式》的书，能为今人重建滕王阁提供严格的建造规范。

1983 年，全国古建筑专家在庐山上专门召开了一次会议，来讨论滕王阁重建的问题。会后，专家们一致认可，通过了"唐风宋韵"这个原则。如此大的分歧，为何竟如此轻松地解决了呢？其中的缘由与一位建筑大师有关，它便是梁启超的长子——梁思成。

梁思成是中国著名建筑史学家兼建筑师。1942 年，梁思成和他的助手莫宗江到南方考察古建筑，时任江西省建设厅厅长的杨绰庵有意重建滕王阁，便找到梁思成，请他帮忙绘制重建南昌滕王阁计划草图。梁思成一生致力于保护中国古代建筑和文化遗产，对此事当然是欣然受命。随后，梁思成便迅速投入绘制草图的工作中。

绘画前，梁思成查阅了大量的文献，并反复思考。最终，他确定了采用宋代法式，参以唐代式样来进行设计的理念。这一设计理念的形成，其实得益于郭忠恕的那幅宋版滕王阁图，梁思成仔细研究过那幅图，并从中找到灵感，这使他的设计工作得以顺利进行。1983 年，庐山重建滕王阁座谈会召开的时候，梁先生已经去世十年，但他当年的助手莫宗江教授参加了此次会议，莫先生在会上不但转述了梁思成当年的构思，还将梁先生当年设计的草图提供了出来。唐宋风格糅合的方式让争执不休的两派都眼前一亮，这种博采众家之长的思路让唐风宋韵的风格很快得到确立。绿瓦红柱，就是唐风宋韵的最好体现。

1989 年，经过六十余年的等待，经过无数人的努力，滕王阁终于再次矗立在赣江之滨。一千三百余年前，一段文字记录下了一座建筑；一千三百余年后，一座建筑还原出了一段文字。文学与建筑之美，跨越了千年的时空，尽纳于滕王阁之中。或许，一切就像王勃在《滕王阁序》中写的那样，"闲云潭影日悠悠，物换星移几度秋。阁中帝子今何在？槛外长江空自流。"

# 第九章
# 滇中名楼大观楼

# 盛世起高楼

> 昆明气候极佳，终年温和，这里山明水秀，是个大好风景所在。
> 有地名大观楼，赏心悦目，委非人间，愧我秃笔，未能形容于万一。

20世纪40年代，女作家张韵芬在战火纷飞的年代于昆明写下了这段优美的文字。这究竟是怎样一座楼阁，能让这位女作家极尽美好的词汇也未能形容于万一呢？

然而不仅是张韵芬，在战乱中，巴金、老舍、沈从文等人都到过昆明大观楼，留下了只言片语，更有毛泽东、陈毅等人为之挥毫泼墨。这究竟是什么样的建筑，居然在战火之中都备受瞩目，在它的身上又有多少传奇的故事，吸引着人们纷纷而至呢？

大观楼，又称近华浦，坐落在滇池草海北滨，与滇池西岸的太华山隔水相望，是一座精致的三层木质阁楼建筑。作为中国八大名楼之一，这里吸引着全国各地甚至是全世界的游人慕名前来。大观楼占地大约一百七十平方米，是三重檐四方攒尖顶建筑，琉璃黄瓦两边开圆形洞窗，底层的隔扇有八扇，但是现在游人能看到的大观楼，已经不是最初修建时的模样了。

1894年，昆明人舒藻撰写的《创建重建大观楼碑记》中写道："前明有楚僧卓锡于此结茅讲经，四方行脚僧听经者往来不绝，因创一刹曰观音寺。"这是说明代有一个湖北僧人曾在这里讲经说法，听经者络绎不绝，所以在此修建了观音寺。而清朝雍正年间的《云南通志》却写道："清康熙二十一年，楚僧乾印始创庵一区，讲妙法莲华经，听者常千人。"按照这一说法，观音寺的修建年代应为清康熙二十一年，也就是1682年。

这座在创建时间上颇有争议的观音寺与大观楼之间有何关系呢？云南师范

大学教授余嘉华主编的《云南风物志》对此做出了解答：康熙二十九年（1690年），巡抚王继文巡查四境，路过观音寺，看中了这里的湖光山色，于是命人鸠工庀材修建了亭台楼阁，取名大观楼。

如此来说，大观楼与观音寺并没有直接的联系，只是因为达官显贵觉得这里风景比较好，远山近水，风光秀丽，所以才在这里修建了楼阁。

难道巡抚王继文仅仅因为这里的湖光山色就大兴土木修建楼阁吗？昆明园林历史文化学者石玉顺并不这么认为，他觉得这个动机太过单纯，修建大观楼的动机应该与拓宽这片水域的人有很大关系。

石玉顺口中的"水域"，指的是大观楼公园前的大观河。起初，大观楼公园前的河并非大观河，而是滇池。老舍在《滇行短记》中对大观楼前的滇池进行过描写："大观楼在公园内，但美的地方却不在园内，园外是滇池，一望无际，湖的气魄比西湖与颐和园的昆明湖都大得多。在城市附近，有这么一片水，真使人狂喜，眼前是一湖秋水，使人连诗都懒得作了。"

到底是什么人要拓宽滇池？这个人真的与大观楼的修建有关系吗？舒藻在《创建重建大观楼碑记》中记载："国朝，以吴三桂为平西王镇滇，乃由进华浦东向会城，开挖一河，计长十里有奇，曰运粮

清　佚名　吴三桂像

明锦州总兵吴襄之子，辽东前锋总兵祖大寿外甥。明朝末年将领，清朝初期藩王。

昆明大观楼

河，复于会城小西门外里许，开一塘，曰篆塘。"这是说清初时期，吴三桂在篆塘周围建了很多粮仓，为了运粮食，才开挖河道，所以才有了今天的大观河。正因如此，这条大观河也被称为篆塘河、运粮河。

随着吴三桂的势力越来越大，云南地区基本都已被他掌控，清政府萌发出一种不祥的预感。为了遏制吴三桂的发展势头，清廷在1660年以赋税不足令吴三桂裁减兵员。吴三桂按照朝廷的要求，将绿营及投诚兵从六万人减到了两万四千人。到了1673年，清廷又下令撤藩，这让吴三桂难以接受，左右思量后，他决定反叛。清廷自然不会任由他占地为王，康熙皇帝以软硬兼

清　佚名　清圣祖
康熙皇帝朝服像

施之法分化吴三桂的反清力量，清军最终在 1681 年攻下昆明，三藩彻底被平定，吴家连襁褓中的婴儿也未能幸免。

在铲除三藩之乱后，康熙采取了一系列休养生息的措施，以恢复战争波及地区的经济状况。到 1690 年时，当地的政治、经济和社会秩序都已经相对稳定。于是，这一年于观音寺的院落中，大观楼拔地而起。

1696 年，又建楼两层，因该楼面临滇池，远瞻西山，可将四周风景尽收眼底，故取名大观楼。大观楼灵活运用了中国古典园林艺术中丰富的借景原则，借园外的湖光山色、远山近水来延伸和丰富自己的空间视野，并且安排了一系列以水景为主题的景观景点，实景与虚景的紧密结合，达到了物我同一、情景交融的美妙境界。

景美楼亦美，但这大观楼真的能起到粉饰太平、安抚人心的作用吗？这一派祥和的盛世景象，真的能够掩盖住各种各样的社会矛盾吗？巡抚王继文的担心很快就有了答案，随着澄碧塘、涌月亭也相继建成，大观楼一度是歌舞升平、才子佳人会聚。与中国其他地方的亭台楼阁一样，无数文人墨客为它挥毫泼墨，留下了不少诗词佳句，各种社会矛盾也渐渐被抛在了脑后。

# 绝世长联现

"忆偕诗太守，高宴集朋辈。丝竹贯珠玑，篇章出瑰怪。"这是清乾隆二十五年进士临安知府王文治在《秋日泛舟近华浦》诗中的内容。大观楼建成后，方圆百里的能读书识字的人，都以在大观楼留下只字片语为荣，到底是什么触动了那些登楼远望的文人们那敏感的文学神经呢？

中国古代的亭台楼阁与西方哥特式建筑不同，它不追求那种高耸入云、直指苍天，让人产生疏远的距离感，而是以小巧玲珑之姿融入世间，带给人们以超脱的亲近之感，展现的是古人对于现实生活的真切理解。正因如此，文人墨客们在登楼远眺之时，才会有想要一抒胸中积郁之感。

那些吟咏大观楼的诗词，有的描绘山光水色，有的粉饰太平盛世，有的歌功颂德，有的吟风弄月，种类繁多，内容多样，但它们都没能使大观楼在当地的文化交流中形成影响力，真正让这座楼阁声名远扬的，并不是这些居于庙堂的社会主流人士。

即使是在封建社会末期，科举依然是读书人能够寻到的唯一出路，为此他们不得不从小就参加各种考试，为的只是有朝一日能够金榜题名、功成名就。但能够在科举之中高中之人，毕竟是凤毛麟角，大多数人难能得志，一直处于社会底层。即使如此，依然有很多知识分子在维护这套制度，不过，凡事也都有例外。

孙髯，字髯翁，祖籍陕西三原，自小随父亲寓居昆明。作为社会中层人家的孩子，孙髯自小就接受私塾教育，能读四书五经，也可吟诗作画。

据文献记载，孙髯曾参加过科举考试，但因为看到进入考场需要被搜身，所以一气之下便拂袖而去。客观来说，进入科举考场前的搜身主要是为了防止科场舞弊，但在孙髯眼中，这种行为叫作"以盗贼以待士也"，他觉得这是把读书人当作盗贼了，这是在侮辱自己的人格。也正因此，孙髯从此不再参加科举考试，所以他直到临终时也没有获得功名，始终是一介布衣。

功名乃身外之物，学识才是文人立身之根本。博学多才的孙髯一生特立独行，虽然无法实现自己的理想与抱负，但他也活出了自己想要的人生。生为平民的他广泛结交文人墨客，经常与人聚会于名胜古迹，吟诗作赋。当他踏上那座方圆百里还算有些名气的大观楼时，一股莫名的冲动涌上心头，在那无限美好的山光水色中，他看到的并非所谓的康乾盛世，而是这盛世下的各种社会矛盾——骄奢淫逸的官僚大臣，缺吃少穿的贫苦百姓。严重的贫富两极分化，甚至让一些平民铤而走险、揭竿而起……他不愿再想这些，只想和着这大观楼上所见的山光水色，用诗文表达出自己别样的情感。

上联：

五百里滇池奔来眼底，披襟岸帻，喜茫茫空阔无边。看东骧神骏，西翥灵仪，北走蜿蜒，南翔缟素。高人韵士何妨选胜登临。趁蟹屿螺洲，梳裹就风鬟雾鬓；更苹天苇地，点缀些翠羽丹霞，莫辜负：四围香稻，万顷晴沙，九夏芙蓉，三春杨柳。

下联：

数千年往事注到心头，把酒凌虚，叹滚滚英雄谁在？想汉习楼船，唐标铁柱，宋挥玉斧，元跨革囊。伟烈丰功费尽移山心力。尽珠帘画栋，卷不及暮雨朝云；便断碣残碑，都付与苍烟落照。只赢得：几杵疏钟，半江渔火，两行秋雁，一枕清霜。

孙髯的这副长联一共一百八十字，上联写滇池及周边水色风光，歌颂昆明大好河山及农民的辛勤耕耘；下联想云南的历史，将封建王朝看作不久的幻影，一朝接着一朝兴起、衰亡，帘幕还未拉起，就只剩下断碣残碑，横卧

**孙髯翁像**

祖籍陕西三原，因其父在云南任武官，随父寓居昆明。清代云南学者、名士。

在苍烟落日之中。这是一种心胸广阔的情怀，这情怀中融入了山与水、草与花、人与世、诗与史，融入了千年往事、万古烟云，它赢得了无数人的赞叹，也赢得了无数人心灵的共鸣。

这副旷世长联一出，立刻震动整个儒林，那些平日里故作文雅的文人墨客们，无不对孙髯刮目相看，将他的长联誉为"天下第一长联"。昆明名士陆树堂更是用行书字体将长联书写刊刻，挂于大观楼之上。这一长联的问世，也让大观楼一举成为远近闻名的名楼，吸引了更多文人墨客的关注。

在文人墨客眼中，这副长联是名副其实的佳作，但在清王朝统治者眼中，这副长联中的只言片语却如根根尖刺，扎入了大清王朝的皮肉里。长联对于历史的评述充满了反叛意味，具有明显的犯上嫌疑，若是再向前推些年月，莫要说这副长联，就是写出这副长联的孙髯，都会因莫须有的罪名，消失于大清王朝之中。

清王朝的统治者们真的会放任对自己大不敬的人，而不采取应对措施吗？当然不可能放任不管，但若真是马上动手，毁掉长联或是把孙髯抓起来，那大清王朝便又会回到那个思想专制的时代，这对于已经开始走下坡路的清王朝来说可并不划算。堵不如疏，与其与人民为敌，倒不如顺其自然，采取一些顺应民意的举动，缓解那尖锐的矛盾。

于是，在1828年，云南按察使翟觐光重修大观楼，将原来的二层增建为三层。观音寺僧净乐重修观音寺时，又在寺后建了五间三层的华严阁，高出大观楼一丈有余。1855年，咸丰帝为大观楼题赐"拔浪千层"匾。一时间，大观楼与华严阁巍然南北对峙，涌月亭、澄碧堂亭台楼榭相互掩映，观音寺殿宇禅房鳞次栉比，高人韵士纷纷而至，僧侣游人往来不断，大观楼与孙髯的绝世长联也进入了最为风光的鼎盛时期。

就这样，大观楼与绝世长联在昆明远近闻名，然而在这样的风光背后，亦隐藏着重重危机，对那副绝世长联的阴谋也从未停止。1864年，云南署提都马如龙操兵演练，经过大观楼时看见岛屿蔓草荒烟一片凄凉，大观楼和孙髯的长联居然都消失不见了。

# 一炬成焦土

一座远近闻名的大观楼，一副长达一百八十字的绝世长联，在 1856 年进入鼎盛时期，吸引无数游人慕名来观，但在 1864 年却都消失不见了。

时间回到 1864 年，看到已经被付之一炬的大观楼，云南署提督马如龙思绪万千，他决定捐出重资，聘请当地最好的工匠，重新修缮大观楼。于是，在 1864 年冬，新的大观楼在一片废墟上破土动工，百姓也对这位重建大观楼的官员十分敬重。

1866 年春天，马如龙重修的大观楼顺利竣工。省城第一名胜浴火重生，马如龙写下《重建大观楼记》，为自己的丰功伟绩树碑立传。一时间，大观楼地区又恢复了以往的繁荣，百姓与朝廷对马如龙都另眼相看。

若单从重修大观楼来说，马如龙算是厥功至伟，但若翻开史料便会发现，史料中的马如龙却有着不为人知的另一面，他甚至可能是毁坏大观楼的间接凶手。一个修建者为何又变成了毁坏者？马如龙和那场烧毁大观楼的民族起义难道有着不为人知的关联吗？

马如龙，本名马现，武秀才出身，以骁勇闻名，在那场轰轰烈烈的起义中曾是滇东、滇南地区的起义军首领。起义军曾三攻昆明，取得过一些成绩，也造出了不小的声势，但清政府却用出了阴险狡诈的伎俩，浇熄了起义的火苗。

马现与起义军另一路的首领马德新都是家境富裕的上层人士，于是清政府便开始用高官厚禄诱惑他们，由于起义军并没有推翻清廷的意识，两人的意志也不够坚定，在利诱之下，与朝廷议和，于 1862 年 3 月变节投降。被招安后的马现改名马如龙，将枪口对准了曾经是战友的起义军，历经 18 年的起义失败了，战火所到之处满目疮痍，受到最大伤害的永远是平民百姓。

　　既然直接导致了起义失败、生灵涂炭，马如龙为何还要重修被毁掉的大观楼呢？史料中对于这一问题的记载并不详细，只说马如龙在路过已经是一片废墟的大观楼地区时，内心很难过，他觉得让这样一个风景名胜就这样直接消失有些可惜，因此他要在废墟之上重新把大观楼修起来。

　　不管怎样，马如龙让大观楼再次屹立在昆明滇池边上，恢复了这一带的山清水秀，这个曾经象征昆明的精神制高点又焕发出勃勃生机，但遗憾的是，孙髯的那副绝世长联却完全化为灰烬。

　　中国现代作家李长之在《西南纪行》中，曾提到过孙髯那副长联，难道那副绝世长联并没有被大火烧毁，一直传承了下来？其实，孙髯的那幅绝世长联原件确实与大观楼一起被烧毁了，不过在重建大观楼后，马如龙又将原陆树棠所书的孙髯长联，以拓片的形式重新雕刻，悬挂于大观楼前。如今在大观楼的二层仍然保存着这副由陆树棠所书的长联，不过在今天，这副曾经闻名海内的木质长联已经成了大观楼珍藏的文物了。

　　大观楼重修后，又迎来了一段繁荣时期，但好景不长，1876年的一场大水再次破坏了大观楼的美景。1883年，总督岑毓英又对大观楼进行了重修，也许孙髯的那副长联真的预示了清王朝的命运，马如龙重建大观楼只不过是云南这个边远地方的虚假繁荣，而岑毓英三修大观楼更只是一种回光返照，但即使这样，岑毓英也没有忘记这副让清政府如坐针毡的长联。1888年，他命云南剑川人赵藩重书了孙髯的长联。

　　这种犯上的言论被烧毁了岂不是更好，岑毓英为什么还要重书孙髯的长联呢？长联的影响是巨大的、深远的，如果仅仅是让它消失，似乎只会显现出大清统治者的小气和无能，他们对这副长联自然另有打算。

# 沧桑逾百年

　　自从孙髯的长联问世以来，针对它的阴谋就从未停止过，无论是嫉贤妒能的人，还是别有用心的人，他们都在等待时机，粉墨登场。在孙髯过世后，有一个封建文人程含章便公然跳出来，对这副长联进行了窜改。

程含章对长联的窜改，主要是对个别敏感字眼的改动。像是"费尽移山心力""卷不及暮雨朝云"等词句，都被他改动为宣扬当时的"自由空气"，颂扬生活在大清的美好生活之类的词句。他想要通过这种卖弄文采的方法，来讨好封建统治者，但他所创作的内容在艺术性上却远不及孙髯的原联，根本无法获得广大民众的认可，虽然新鲜了一阵，但不久就销声匿迹了。

在程含章之后，还有一些御用文人企图篡改孙髯长联的思想内涵，但往往都弄巧成拙，反而扩大了孙髯长联的影响。这足以说明孙髯在精神上的胜利，是世俗中功名利禄所取代不了的。

在云南省弥勒县有一座墓冢，其墓碑正中述"古滇名士孙髯翁先生墓"，石碑下为石座，两侧立石柱有联云："古冢城西留傲骨，名士滇南有布衣。"这便是孙髯的墓冢。据说，他晚年随儿女在弥勒生活并在此辞世，从他为大观楼所写的长联中可以看出他的开阔胸怀和人生境界，而长联也真的如同预言一样，揭示了清王朝不可逆转的命运。

辛亥革命推翻了清王朝的统治，中华民国建立，大观楼也进入了一个新的纪元。进入民国，新思想、新观念层出不穷，这座带有浓郁封建色彩的大观楼，似乎有些不合时宜，新的政权是否也会革它的命呢？这之后发生的事情恰恰相反。

1914 年，云南省民政长李鸿祥修建了大观河至大观楼的马路。1937 年，云南省政府将在意大利为云南都督唐继尧铸造的戎装骑洋马铜像，吊装安置在大观楼广场中央。如此来看，这些当权者和昆明百姓对大观楼依然表现出很高的热衷与重视，这也说明大观楼在人们心目中的位置没有发生丝毫改变。

> 仆本恨人，吞大海一沤，焉得洗胸中块垒；
> 谁非乐土，卧高楼百尺，也应游梦里华胥。

这是有着滇南第一大手笔之称的爱国文人陈荣昌作于 1932 年的对联，进入民国后，现代文人也纷纷而至，来到大观楼留下他们的新诗句、新情怀，大观楼又翻开了新的一页。

孙髯的长联自问世至今，一直被誉为"天下第一长联"，毛泽东更是称赞它为"从古未有、别创一格"。陈毅副总理来到大观楼读了长联后颇有感触，于是赋诗赞道："滇池眼中五百里，联想人类五千年。腐朽制度终崩溃，新兴阶级势如磐。诗人穷死非不幸，迄今长联是预言。"现在这个天下第一长联又多了一个"最"——中国最重的铜对联。这副中国最重的铜对联是在1998年用精工铸造的，蓝底金字，可以悬挂数百年而不变形，在2008年的修缮工作完成后，这副长联便再次展现在人们眼前。

**张士廉　滇池夜月**
此图近景草滩、树木、房屋均淡墨勾勒，寥寥数笔，景物萧疏空阔。远山烟霭空蒙，给人一种秀润淡雅之意。

2008 年，大观楼进行了一次大规模的维修，主要是对大观楼内的木梁、门窗、裙板、楼地板、彩绘等进行修缮。按照国家级文物的修缮标准，工作人员要以修旧如旧的原则，采用传统材料、传统工艺恢复大观楼的原貌。马如龙重修的大观楼已经历经 130 多年，当初也没有图纸传世，工作人员要去哪里找依据呢？

大观楼中收藏着一件清代绘画珍品，这是清代画家杨应选绘制的扇面，里面清楚地展现了清代时期的大观楼。不仅如此，在云南省图书馆中还收藏着清代光绪年间昆明平民画家张士廉绘制的《昆明八景》山水画，其中，在《滇池夜月》这幅画中近景绘有大观楼亭阁回廊，远景则有一轮圆月西吹，这些都为工作人员修复大观楼提供了依据。

楼阁主要指建筑中的多层建筑物，是中国古代建筑的精髓。大观楼为木结构三层檐攒尖琉璃瓦建筑，外观形态稳重端庄，形似西安大雁塔，从下向上逐层向内收进，比例适度。为了做到修旧如旧，工作人员决定完全采用传统方式进行维修。由于这座以木构架结构为主的大观楼经历了多年风雨，很多彩绘的地方都已模糊不清，要让大观楼从里到外突出清末昆明地方的彩绘样式，让人看到大观楼就能看到云南建筑的彩绘风格，必须下一番功夫才行。

对于十分重要的修复工艺，文物修复专家坚决不同意让专业画家参与，原因是画家主要偏重于一些意境的创作，而画师属于工匠，他们的表现手法会更为具体、多样一些。于是，一队大理白族的画师开始在大观楼修复彩画，他们选用了比较珍贵的矿物颜料，既能够持久地维持彩绘的颜色，又可以让这种昆明的绘画风格看起来更为地道。

2008 年 8 月 10 日，在昆明市大观楼重新维修后的揭匾仪式上，人们看到了焕然一新的大观楼，在多次的被毁与修缮中，大观楼已经拥有了 300 多年的历史，而孙髯的长联仍旧十分引人注目，那副最重的铜制长联再次和世人见面，迎接着无数的游人，从各地前来赏析品味。

这是一座历经磨难的楼，从在观音寺中拔地而起后经历水火灾、刀兵劫，一副天下第一长联让它成为远近闻名的精神象征。经历了天灾人祸，血雨腥风，大观楼这座历经数百年的精神制高点，将会一如既往地见证人间的沧桑变化。

# 第十章
# 千古忧乐，一梦岳阳

# 洞庭天下水，岳阳天下楼

"衔远山，吞长江，浩浩汤汤，横无际涯，朝晖夕阴，气象万千，此则岳阳楼之大观也……"岳阳楼临洞庭、吞长江，矗立于岳阳市古西门城头。而让岳阳楼声名大噪、流传千古的，便是范仲淹所作的这篇《岳阳楼记》了。

1046年6月的某天，一封来自湖南岳阳的书信和画轴辗转呈送到范仲淹面前。原来，范仲淹的好友滕子京重修了岳阳楼，他特意寄送了《洞庭晚秋图》，请范仲淹为此楼作记。彼时，范仲淹在河南邓州做知州，这座楼对于他来说是如此陌生。然而，他却欣然应允了好友的请求，仅略一思索，一篇气势恢宏的《岳阳楼记》便跃然纸上。或许，当时的范仲淹还不知道，在落笔之后，自己的名字便与这座楼千古相连、不可分割。

岳阳楼的前身是三国时期东吴将领鲁肃的阅兵楼，1700余年前，八百里洞庭湖光山色、美景如画，可刚刚接替周瑜职务、匆匆赶到巴陵的鲁肃却无心观赏，因为他面对的敌人，正是大名鼎鼎的关羽——关云长。此时，关羽率军三万，兵临城下，双方剑拔弩张，战争一触即发。

这一年，刘备对荆州的有借无还激怒了孙权。与此同时，雄踞北方的曹操对东吴虎视眈眈，随时可能再次南下、卷土重来。而纵观三湘四水都流入洞庭湖的岳阳，这里从先秦时期到三国时期，一直因为地势之利而被称为兵家的必争之地。把控了岳阳，就相当于控制住了三国的局势。在这种背景下，巴陵毫无疑问陷入了斗争的旋涡。

周瑜在任时，巴陵只是一座储备军粮的邸阁，而鲁肃上任后，他立刻做了一件周瑜不曾做过的事情——修筑巴丘城。在无数个日夜的沉思下，鲁肃在巴丘山下选择将宽阔的洞庭湖水面作为东吴训练水兵的基地。同时，他还临水建起一座谯楼，便于指挥和检阅水军，名为阅军楼。据说，这阅军楼便是岳阳楼的前身。

根据《三国志》的相关记载："孙权于夏四月大赦，诏诸郡县治城郭，起谯楼，穿堑发渠，以备盗贼。"彼时三国鼎立，天下大乱，孙权以"世之筑城，必建谯楼，此乃汉之遗风"为名，在各地修建谯楼，古谯楼通常为三层，有瞭望和报警的功能，鲁肃所建之阅军楼，正是这种典型的汉代古谯楼。

阅军楼临岸而立，登临可观望洞庭全景，湖中一帆一波皆可尽收眼底，气势非同凡响。可此时，鲁肃无心观赏洞庭全景，甚至无心与关羽决战。如果说，五年前的赤壁之战他点了一把大火，而眼下，他只想熄灭一场战火。

鲁肃将局势看得透彻，自己据守的巴陵是东吴长江防线，亦屯兵屯粮的战略要地，吴蜀之间的争斗必然影响刚刚建立起来的三国鼎立格局，这种平衡和互相牵制一旦打破，东吴将面临致命威胁。这场仗如果打，难免殃及城中百姓；不打，则无法化解两军对垒的利益之争。矛盾之中，鲁肃走了一着险棋——去和关羽谈判。

东吴名将鲁肃能将局势参得明白，蜀汉大将关羽又怎会不知岳阳城池的易守难攻呢？岳阳这个地方相当于东吴的南大门，南有鲁肃龙盘岳阳之城楼，北有曹军虎踞于后方。如果自己贸然开战，让蜀吴

清　佚名　鲁肃像
东汉末年杰出战略家、外交家。

**明　商喜　关羽擒将图**

画中关羽长须美髯，气宇轩昂，身穿铠甲，斜披绿袍，手抱单膝坐于青松之下，神态从容自得，周仓手持青龙偃月刀侍立一旁。

两军之间摩擦纷争升级，等于直接将天赐良机赋予曹操。若孙权选择与曹操联手，自己则腹背受敌矣。思索再三，关羽也做了时下对蜀汉最有利的选择，那便是接受鲁肃的谈判。自此，历史上又有了"关二爷单刀赴会"的佳话流传。谈判过后，鲁肃与关羽划湘江为界，一场一触即发的大战，就这样被鲁肃在弹指间化为尘烟。

阅军楼建成两年后，鲁肃病故。这一年，曹操大败孙权，刘备也与曹操决战于汉中。此时，赤壁之战建立起来的三国鼎立局面被彻底打破。不过这些事情，亦与鲁肃无关了。

在江南三大名楼中，如果说黄鹤楼是平民百姓追求美好生活的象征，滕王阁是风流才子寄情山水之所，那么岳阳楼就是天下文人志士抒发忧国忧民情怀的舞台。在近千年的历史长河中，岳阳楼经历了沧桑，也经历了传奇；经历了风雨，也经历了阳光。

如今，乱世枭雄，治世能臣，皆归尘土，只有岳阳楼仍然屹立于洞庭碧波之畔，静静地见证着江山代有才人出，各领风骚数百年。

# 岳阳楼与贬官文化

在三国众多的风云英雄中，鲁肃虽不是最为璀璨的，却堪称富有儒家治世精神的优秀代表。但在岳阳楼建成伊始，鲁肃并没有赋予这座楼太多的精神内涵。当时，鲁肃作为一个小国家的士大夫，他所有的希望便是建功立业、忠君报国。所以，此时的岳阳楼尚不具备"忧乐天下""物我两忘"的文化厚重感。

不过，自鲁肃之后，有这样一群身份特殊的人物来到了岳阳楼。他们不再位高权重，不再指点江山，他们只是一群失意的人，需要寻找一座可以寄托精神的楼。

彼时正是岳阳楼建成的五百年后，这天，一位贬官正风尘仆仆地赶往岳州赴任。这位被贬的官员，便是唐代的中书令——张说。

其实，关于张说在岳州期间的显著政绩，史料中并没有明确的记载，人们也不敢肯定他与岳阳楼之间究竟有多紧密的关系。然而，张说的名字却载入了岳阳楼的史册，这究竟是怎么一回事呢？事情还得从张说遭遇贬谪后说起。

在武则天时代，张说的策论可以说是天下第一，而且他的军事才华亦不在其之下。可是，随着贬官外放，张说的政治抱负与文武才华都成了过眼云烟。当时，登楼赋诗是迁客骚人经常做的活动，这种活动也逐渐成为张说排遣郁闷的一种方式。

他在《与赵冬曦尹懋子均登南楼》的诗中写道：

> 危楼泻洞湖，积水照城隅。
> 命驾邀渔火，通家引凤雏。

这首诗写出了洞庭湖和岳阳楼的瑰丽景色，从这首诗中，我们也不难看出此时的岳阳楼已经脱离了阅军楼的军事功能，逐渐演变为观赏楼了。唐朝时期，巴陵城改为岳阳城，这座阅军楼也随着张说的诗歌而被广泛称为岳阳楼。可以说，张说于文坛大手笔的风雅，无意中成就了岳阳楼的美名，也让岳阳楼成为文人雅士云集之地。

唐代的建筑特色与宋、元、明、清的明显不同。唐代的岳阳楼，气魄宏伟、严整开朗，这反映了唐代建筑艺术加工和结构的统一。从整体上看，岳阳楼色调简洁明快，门窗朴实无华，给人一种庄重大方的印象。

作为儒生，张说自然信奉封建社会士大夫阶级"穷则独善其身，达则兼济天下"的人生信条。只不过，张说之于岳阳楼，仍旧只停留在吟咏山水的君子之风上，并没有让岳阳楼像黄鹤楼那样，实现精神层面的蜕变和升华。

众多像张说这样寄情山水的贬官，无意中形成了中国文化中一个奇特的现象，那就是有趣的贬官文化。而令人不解的是，历史上岳阳的贬官似乎格外多。要知道，古代中国文人墨客总是脱不了与政治的干系。众多读书人寒

**元　夏永　岳阳楼图**

图中三层高的岳阳楼巍峨耸峙，楼前水气空茫，远山一带。笔法秀劲细密，清楚地描绘出楼阁远近纵深的层次感。建筑构造准确合度，飞檐、梁挂、斗拱、围栏等细节描写具体而精致。

**清嘉庆九年（1804 年）《巴陵县志》岳阳楼图**

嘉庆年间曾两次修整岳阳楼，《巴陵县志》中有详细记载。

窗苦读数十年，呕心沥血破万卷，为的就
是在科举考试中夺取功名，报效朝廷。从
这条入世之道，我们也可以看出儒家君臣
父子的纲常思想与等级观念。

在中国文人心中，儒家思想早已根深
蒂固。在频繁、残酷的政治斗争中，在君
主皇权生杀予夺的封建社会，遭遇贬黜的
官员大有人在。于是，在历史的长河中，
一支浩浩荡荡的贬官队伍诞生了。

那么，为何岳阳成为贬官尤其多的地
方呢？那是因为古代皇帝通常会将官吏流
放和发配到南蛮之地。在唐朝，湖南一带
人口较少，属于边缘地区，是贬官外放的
上佳之地。加上岳阳是一个咽喉要道，不
管是官员往来还是百姓、商贾往来，都要
经由岳阳前往全国各地。所以，大部分的
迁客骚人都会到此。

贬官多了，贬官们发泄的情怀也就多
了。这么多的才子官员，从庙堂之高跌落
到江湖之远，满腔愁绪无以言说，报国之
志无从实现，于是只能寄情于山水，托物
言志了。

提到寄情山水，就不能不说楚国的士
大夫屈原了。当初，屈原被楚怀王流放到
岳阳洞庭湖区域的汨罗江上，在汨罗江
上，屈原始终保有忠君爱国的这种思想，
所以他在屈子祠留下了《九歌》和《楚
辞》，也留下了很多饱含爱国情怀的诗篇，

**清　任熊　屈原像**

屈原因遭贵族排挤诽谤，被先后流放至汉
北和沅湘流域。楚国郢都被秦军攻破后，
自沉于汨罗江，以身殉楚国。

可见，岳阳楼与贬官文化早在先秦时期便已有之。

时光流转到一百年后，贾谊同样被发配到这个地方。或许是与屈原怀抱着同样的心情，贾谊专程去汨罗江悼念了屈原，并且写下了《屈原赋》。司马迁在写《史记》时，专门按照贾谊《屈原赋》的思路，来到岳阳汨罗江进行实地考察。

从屈原开始，到唐代贬官文化的兴起，岳阳楼开始与忧国忧君的基调绑定在一起。自此，岳阳楼也有了自己独特的文化内涵，成了一座兼具观赏性与精神文化的历史名楼。

# 湖光山色梦岳阳

如果说唐朝为岳阳楼掀起了贬官文化的浪潮，那么，宋代的贬官们则推波助澜，让岳阳楼与忧国忧民的精神内涵进一步捆绑。

当我们翻看贬官们留下的不朽诗文时，一定不难发现宋代的贬官空前之多。可以说，贬官文化在宋代达到了鼎盛。宋朝，一个赞誉与诟病并存的朝代，它虽然有"弱宋"之称，但其尊儒隆文，风雅异常。可以说，在历代封建王朝中，宋朝是才子文人地位最高的时代。

宋代皇帝对于文臣似乎格外开恩，不管文臣犯了多大的罪过，皇帝也奉行"只贬不杀"的原则，这不得不说是一个非常奇特的历史现象，而这个现象，还要从开国皇帝赵匡胤说起。

赵匡胤原本是一员武将，他是靠兵变坐上皇帝宝座的。所以，他对武将十分忌惮，生怕皇帝宝座又被武将夺走。因此，他重重提拔了文官，甚至各个地方的官员也都是文官执政，武官只能做副将。而且，宋太祖还留下了一条不杀文人的誓约，这个誓约成了文官的护身符，也为后面贬官文化的鼎盛埋下了伏笔。

宋代皇帝多爱舞文弄墨，也愿意看到"士大夫与君主共治天下"的局面。

可是，这种表面的人文主义与民主精神，只是为了掩盖皇帝的尊严与权贵的利益。毕竟，士大夫那么多，皇帝只有一个，皇权是至高无上的。而且，虽然祖宗留下规矩不让杀文人，但不杀并不等于不罚。于是，一大批"不识时务"的人，以各种理由从庙堂之高被流放到江湖之远。在流放的官员中，就有大名鼎鼎的柳宗元和苏轼。

事实上，到了柳宗元和苏轼这里，宋朝的贬官文化就已经开始悄悄地发生改变。805年，柳宗元被贬至永州任司马。此时，柳宗元内心一定很难平静。不过，这份"贬官通知书"也让他能有足够的时间在大自然的山水中与自我对话。十年之后，柳宗元被贬到比永州更远的柳州，此时的柳宗元已经四十三岁，他猜想，朝廷也许不会再召他回朝了。于是，他在绝望之余，也逐渐开始认清现实。这时的柳宗元不再怨愤不满，也不再回望庙堂之远，他索性利用卑微的地方官职为百姓们挖井、办学，做一些实事。从此时开始，贬官的生命发生了质的变化，他们开始真的宽容和豁达起来。除了忠君爱国之外，他们也在与底层百姓的零距离接触中有了民本思想。

就像柳州有幸等来了柳宗元，儋州（今海南）有幸等来了苏轼一样，岳阳楼

宋　佚名　宋太祖坐像

赵匡胤是五代至北宋初年军事家、政治家、战略家，宋朝开国皇帝。

也在等。岳阳楼在等这样一个人，一个能赋予自己灵魂的人。很快，历史光
束聚焦在一位名叫滕子京的官员身上。在历史上，这位滕子京两次以"贪污
罪"被人告发，1044 年的春天，滕子京第三次踏上了贬谪之路。这一次，他
的方向是岳州的巴陵郡——这正是岳阳名楼所在地。

两年来，滕子京连续三次遭贬，所贬之地也是一次比一次荒凉。随着贬
谪次数增多与环境的芜蛮，五十三岁的滕子京的心境也一次更比一次萧瑟。
想当初，滕子京与范仲淹是同榜进士。后来，在范仲淹的举荐下，自幼苦读、
博学多才的他登上了政治舞台，并凭借自己的雄才大略取得了卓著的政绩。
谁知，就在他就任边陲重镇的知州时，却突然被人状告贪污公款。状子递到
上面，很快就被不满滕子京政治主张的王拱辰一伙压成"实案"，而滕子京则
被赶出泾州，贬谪去了巴陵郡。

北宋时期的巴陵郡虽然算不上蛮荒之地，却也是治安混乱、经济凋敝。
此时的岳阳楼已经经历了唐末五代战乱，还经历了 966 年岳州的一场大火灾。
仕途失意的滕子京登上年久失修、破损不堪的岳阳楼时，突然与这座高楼产
生了奇妙的反应。

当时，退居江湖之远的滕子京并没有一味沉浸在自己愤愤不平、感物伤
怀的情绪中。作为一个正直有为的封建文官，滕子京在巴陵很快进入了角色。
他开始推广教育、兴修水利，只用了一年多时间，他就让巴陵实现了"政通
人和、百废俱兴"的局面。

治安稳定、生产发展之后，滕子京便着手于岳阳楼的重建工作。彼时，
为官的职责、文人的情怀、历史的际遇……这些因素千丝万缕，让滕子京这个
历史上并不知名的人物，即将与岳阳楼缔结起永恒的情缘并流传于后世。

值得一提的是，滕子京修建岳阳楼并没有用国库银子，也没有搜刮百姓，
他用了一个很巧妙的方法来重修岳阳楼，这个方法就是利用民间宿债，用讨
回来的债务去修岳阳楼。滕子京的有识之举得到了巴陵老百姓的拥护和支持，
而他本人也用这种特殊的筹款方法，解决了重修岳阳楼的经费问题。

宋代岳阳楼是典型的宋朝建筑，它虽然在规模上明显小于唐朝，但建筑
技巧和艺术却更加细致娴熟，整体突显清雅柔美之风采，也体现了轻盈文弱

**明　安正文　岳阳楼图**

作者以极严谨的构图、精确的比例、劲健的线条，精细地刻画出岳阳楼上的歇山式的屋顶，复杂的斗拱和鲜艳的色泽，表现真实细腻。

的宋代文官政治的痕迹。为了赋予岳阳楼永恒的生命与精神，为了让岳阳楼经得起岁月的磨砺与历史的考评，滕子京想到了一个人，来为岳阳楼题写一篇足以让其名垂千古的文章。这个人，便是我们前面提到的范仲淹。

# "先天下之忧而忧，后天下之乐而乐"

八百里洞庭湖光山色，秀美俊逸，而这座耸立于湖南省岳阳市西门城头的楼阁，自古便有"洞庭天下水，岳阳天下楼"的美誉。

彼时，范仲淹官运亨通，一路做到了参知政事。可回到朝廷之后，范仲淹才发现大宋天下看似繁花似锦、一片祥和，实际上却是危机四伏、外强中干。但是，宋朝为了防范唐末五代以来藩镇割据的局面而制定了很多相应的措施，从宋朝初期来看，这些措施都有利于中央集权的加强。可是，随着地方权力的削弱，这些措施的弊病就逐渐凸显出来了。比如宋朝初年，全国各地官员大量入仕，导致宋朝朝廷官员冗杂，而这些官员大多集中在中央，既消耗国库银钱，又让地方统治变得薄弱。到了北宋中期以后，这个问题就变得更加严重了。

1043 年至 1044 年，范仲淹面对仁宗皇帝急切的求治之心，认真总结从政 28 年来酝酿已久的改革思想，很快为仁宗皇帝呈上了十项改革主张。最初，宋仁宗对范仲淹的改革主张很是推崇，于是，宋朝第一次规模较大的改革运动轰轰烈烈地开始了，这个改革运动就是历史上有名的"庆历新政"。

事实上，庆历新政涉及了很多内容，除了政治以外，改革的领域还包括军事、教育、文化等。而且，庆历新政的针对性很强，尤其是宋朝官员冗杂这一项，范仲淹也给出了能提升官员素质的有效建议。可惜，大批守旧派的官僚们开始反戈一击，1044 年仲夏，朝廷的反对派们假造了一起谋逆大案，矛头直指范仲淹，而这也精准地刺到了皇帝的逆鳞。

范仲淹改革的诚意被怀疑为扩大权力的手段，仅仅过了一年，庆历新政

**宋　佚名　宋仁宗坐像**

宋朝第四位皇帝，为宋朝在位时间最长的皇帝。

**明　佚名　范仲淹像**

**明 仇英 帝王道统万年图册**

此图所绘为宋仁宗写《尚书无逸篇》在屏风上，用于告诫自己和他人。

便被废除，而范仲淹本人也被革职。在达官贵人依旧喧天的歌舞声中，范仲淹黯然离开了京师。不过，范仲淹的庆历新政却点燃了另一个人渴望改革的火种，那个人便是王安石。可以说，王安石的变法，基本沿着范仲淹的思路进行，很多有价值的东西，都被后来的统治者沿用、推进。所以说，庆历新政虽然失败了，但它却燃起了改革的希望。当然，这些事情是当时的范仲淹目所不及的。

**清 佚名 王安石像**

杰出政治家、思想家、文学家、改革家，"唐宋八大家"之一，被列宁誉为"中国十一世纪改革家"。

在远离京城的偏僻角落，范仲淹感慨万千。面对力不从心、左右彷徨的君主，以及矛盾重重、尔虞我诈的朝廷，范仲淹开始重新思考为官的真谛。如果说范仲淹年轻时的志向更多的是忠君报国、建功立业，那么，历经宦海沉浮之后，范仲淹所思所想的便不仅仅局限于君主的天下了。此时，他的目光里还有天下的黎民百姓。

在这样的心境中，为了激励遭到贬黜的朋友们，也为了抒发自己心中的忧乐情怀，范仲淹在滕子京的邀请下，挥毫撰写了流芳千古的《岳阳楼记》。"先天下之忧而忧，后天下之乐而乐"，范仲淹将儒家的忧乐天下思想提升到了一个新的高度，而岳阳楼也因此被赋予了全新的灵魂。这篇在千年后的今天仍然震撼了无数人心灵的《岳阳楼记》，对中华知识分子品德的形成产生了极其深远的影响。从造型形制上看，岳阳楼比起与之齐名的黄鹤楼和滕王阁来说，并不能算高大雄伟、壮丽俊秀；论文采，范仲淹的《岳阳楼记》与王勃的《滕王阁序》，以及崔颢的《黄鹤楼》诗相比，也只能以各具特色、各有千秋来评价。然而，从思想性来看，《岳阳楼记》却独具特色和思想深度，令人读之口角生香，品之如甘如霖。

然而，此后不久，为范仲淹和滕子京带来不朽美名的岳阳楼，却给它的建造者滕子京招来了另一场灾祸——根据司马光在《涑水记闻》中的相关记载，滕子京在重修岳阳楼时没有设置专门记录资金的人员，而是全部由自己掌管，修建雄壮瑰丽的岳阳楼虽花费了不少银两，但滕子京贪污的钱财也不少……

司马光此言一出，滕子京立马被塑造成了贪官污吏的形象。遭到告发的滕子京在家里焚毁了所有往来书信，因为他担心自己的诬告罪名成立，会牵连更多的人入狱。滕子京希望由自己一人来承担后果，以此保护相关支持新政的文臣武将。可他的这种举动却被敌对方抓住，成了质疑他是因为心虚在焚毁贪污证据的理由。就在滕子京遭受诟病的时候，对滕子京非常欣赏的范仲淹极力为其辩护，于是，朝廷立刻派出官员，专门就滕子京贪污事件立案

**宋　佚名　司马光像**

司马光因反对王安石变法，坚决辞去枢密副使的任命，隐居洛阳十五年，专门从事《资治通鉴》的编撰。

调查。

当然，调查的结果却令告发者大失所望——当时，谁都无法相信一个曾经统率过千军万马的滕太守家里，除了几个书柜之外竟无任何积蓄和钱财，事实足以说明滕子京是清廉的。

在重修岳阳楼的三年后，滕子京病逝，没过几年，范仲淹也去世了。数百人来到范家祠堂，斋戒三日方才散去。岳阳楼何其幸运，在那个特定的地理环境，特定的历史时期，遇到了一群处江湖之远，而依然忧国忧民的迁客文人。

"洞庭天下水，岳阳天下楼。"岳阳楼等来了那个为之画龙点睛的人。"匹夫而为百世师，一言而为天下法"，从此，浩渺的洞庭湖，雄丽的岳阳楼被赋予了忧患意识，后世无数人对着岳阳楼思荣辱、知使命，先天下之忧而忧、后天下之乐而乐。

# 忧乐天下，岳阳天下

岳阳楼始三国，穿越繁华之唐，风雅之宋，终于来到了元、明、清三代。随着社会经济的发展，岳阳早已不再只是贬官形迹所至之地。而历代统治者屡屡着力修缮岳阳楼，终于让它完全成为景观楼，也成为无数人心向往之的历史名楼。

从有记载的历史看，岳阳楼经历大大小小的维修有四十余次。不过，真正称得上大修的，其实也就三次。第一次，是滕子京重修岳阳楼，用范仲淹在《岳阳楼记》中的描述，滕子京只是"增其旧制"，并不能算完全大修。第二次，是在清朝光绪六年（1880 年）的时候，由张德容主持修建的岳阳楼。张德容修建岳阳楼应该是历史上规模最大的一次，因为他几乎将岳阳楼重新建造了一番。

彼时，张德容在岳州担任知府，对张德容来说，岳阳楼是连接他与鲁肃渊源的高楼。带着对鲁肃的敬仰之情，张德容决定将鲁肃与岳阳楼之间的关系，用一种巧妙的元素加入岳阳楼的造型设计中。

从张德容的设计看，岳阳楼是带有一个盔顶的。这个盔顶的建筑设计理念源于对鲁肃建造阅兵台这件事的纪念。虽然岳阳楼是清代晚期的建筑，但从中国建筑史整体来看，它却是一座独一无二的高楼。这座楼以盔顶为亮点，将中国古建筑的曲线美发挥到了极致，楼的高度虽然不足二十米（比滕王阁和黄鹤楼的规模都小），但却是江南地区历史名楼中唯一一座保存完好的中国清代楼阁。要知道，清朝末年和民国时期军阀混战、列强入侵、战火频仍，黄鹤楼和滕王阁都先后毁于一旦，可岳阳楼却完好无损地保存下来，这本身就是一件颇具传奇色彩的事情。

彼时，南北军阀多次攻占岳阳，甚至有人用火烧岳阳楼作为筹码，向士绅商贾们索要钱帛财物，岳阳楼在岌岌可危之际，迎来了一位对它情有独钟的统治者。那是 1932 年的一天，蒋介石和宋美龄路过岳阳，便下令让湖南省政府主席拨款重修历史名楼，尤其是岳阳楼。蒋介石很推崇范仲淹强调的忧乐精神，因为这种精神映射了古代帝王对文人的一种要求。

自《岳阳楼记》诞生以来，里面的文化思想便受到历代帝王的推崇。比如"居庙堂之高则忧其民，处江湖之远则忧其君"，就体现了文人忠君爱国、亲民爱民的文化思想，这种文化思想是非常符合统治者要求，也非常切合老百姓愿望的。所以，蒋介石对岳阳楼也情有独钟，特意下令对岳阳楼进行了重修和保护。

谁知，修葺一新的岳阳楼很快就又面临了新的劫难。六年后，侵华日军攻打岳阳，岳阳古城变成了血与火的战场。覆巢之下，焉有完卵？岳阳楼那纯木质的结构，在现代武器和火力面前，显得是那样不堪一击。1937 年 8 月 2 日，日军派出了三架飞机，这三架飞机入侵岳阳古城上空，并投下了两枚燃烧弹。

1938 年 6 月至 9 月，岳阳多次遭受敌机的狂轰滥炸，最多的一次，日寇一次出动飞机二十七架，对岳阳古城连续轰炸了三十余次。然而，不可思议的是，岳阳楼却奇迹般地成为覆巢之下的完卵——敌机的炮弹竟避开了岳阳楼这个明显的地标!

　　"四面湖山归眼底，万家忧乐到心头。"如今的岳阳楼上，再也听不到当年鲁肃操练水军的震天杀声，再也听不到滕子京在楼前的凭栏哭声，再也看不到范仲淹奋笔疾书的身影……然而，岳阳楼伴随着"先天下之忧而忧，后天下之乐而乐"的民本意识，化作新时代的民本精神，生生不息。

　　"忧乐天下，岳阳天下。"如今，历经1700多年的岳阳楼已经与中华民族融为一体，也将与中华历史名楼文化之魂血脉相连，走向一个全新的时代。

**图书在版编目（CIP）数据**

考古中国：历史名楼 / 翟东强，谢九如著. —北京：中国工人出版社，2023.8
ISBN 978-7-5008-8253-4

Ⅰ.①考… Ⅱ.①翟…②谢… Ⅲ.①考古发现 – 中国②楼阁 – 名胜古迹 – 中国
Ⅳ.①K87②K928.74

中国国家版本馆CIP数据核字（2023）第166055号

## 考古中国：历史名楼

| | | |
|---|---|---|
| 出 版 人 | 董　宽 | |
| 责任编辑 | 葛忠雨 | |
| 责任校对 | 张　彦 | |
| 责任印制 | 黄　丽 | |
| 出版发行 | 中国工人出版社 | |
| 地　　址 | 北京市东城区鼓楼外大街45号　邮编：100120 | |
| 网　　址 | http://www.wp-china.com | |
| 电　　话 | （010）62005043（总编室）　62005039（印制管理中心） | |
| | （010）62379038（社科文艺分社） | |
| 发行热线 | （010）82029051　62383056 | |
| 经　　销 | 各地书店 | |
| 印　　刷 | 三河市万龙印装有限公司 | |
| 开　　本 | 710毫米×1000毫米　1/16 | |
| 印　　张 | 12.5 | |
| 字　　数 | 170千字 | |
| 版　　次 | 2023年10月第1版　2023年10月第1次印刷 | |
| 定　　价 | 68.00元 | |